应用型本科院校"十三五"规划教材/经济管理类

Excercises on Financial Accounting

财务会计习题集

主　编　尚红岩　刘晓野
副主编　王春燕　李丽娜
主　审　李淑娟

哈尔滨工业大学出版社
HARBIN INSTITUTE OF TECHNOLOGY PRESS

图书在版编目(CIP)数据

财务会计习题集/尚红岩,刘晓野主编—哈尔滨:哈尔滨工业大学出版社,2017.2

应用型本科院校"十三五"规划教材

ISBN 978-7-5603-6433-9

Ⅰ.①财… Ⅱ.①尚… ②刘… Ⅲ.①财务会计—高等学校—习题集 Ⅳ.①F234.4-44

中国版本图书馆 CIP 数据核字(2017)第 002606 号

策划编辑	杜 燕
责任编辑	刘 瑶
出版发行	哈尔滨工业大学出版社
社　　址	哈尔滨市南岗区复华四道街10号　邮编150006
传　　真	0451-86414749
网　　址	http://hitpress.hit.edu.cn
印　　刷	哈尔滨市工大节能印刷厂
开　　本	787mm×960mm　1/16　印张10.25　字数220千字
版　　次	2017年2月第1版　2017年2月第1次印刷
书　　号	ISBN 978-7-5603-6433-9
定　　价	22.00元

(如因印装质量问题影响阅读,我社负责调换)

《应用型本科院校"十三五"规划教材》编委会

主　任　　修朋月　　竺培国
副主任　　张金学　　吕其诚　　线恒录　　李敬来　　王玉文
委　员　　（按姓氏笔画排序）

　　　　　　丁福庆　　于长福　　马志民　　王庄严　　王建华
　　　　　　王德章　　刘金祺　　刘宝华　　刘通学　　刘福荣
　　　　　　关晓冬　　李云波　　杨玉顺　　吴知丰　　张幸刚
　　　　　　陈江波　　林　艳　　林文华　　周方圆　　姜思政
　　　　　　庹　莉　　韩毓洁　　蔡柏岩　　臧玉英　　霍　琳

序

  哈尔滨工业大学出版社策划的《应用型本科院校"十三五"规划教材》即将付梓,诚可贺也。

  该系列教材卷帙浩繁,凡百余种,涉及众多学科门类,定位准确,内容新颖,体系完整,实用性强,突出实践能力培养。不仅便于教师教学和学生学习,而且满足就业市场对应用型人才的迫切需求。

  应用型本科院校的人才培养目标是面对现代社会生产、建设、管理、服务等一线岗位,培养能直接从事实际工作、解决具体问题、维持工作有效运行的高等应用型人才。应用型本科与研究型本科和高职高专院校在人才培养上有着明显的区别,其培养的人才特征是:①就业导向与社会需求高度吻合;②扎实的理论基础和过硬的实践能力紧密结合;③具备良好的人文素质和科学技术素质;④富于面对职业应用的创新精神。因此,应用型本科院校只有着力培养"进入角色快、业务水平高、动手能力强、综合素质好"的人才,才能在激烈的就业市场竞争中站稳脚跟。

  目前国内应用型本科院校所采用的教材往往只是对理论性较强的本科院校教材的简单删减,针对性、应用性不够突出,因材施教的目的难以达到。因此亟须既有一定的理论深度又注重实践能力培养的系列教材,以满足应用型本科院校教学目标、培养方向和办学特色的需要。

  哈尔滨工业大学出版社出版的《应用型本科院校"十三五"规划教材》,在选题设计思路上认真贯彻教育部关于培养适应地方、区域经济和社会发展需要的"本科应用型高级专门人才"精神,根据黑龙江省委书记吉炳轩同志提出的关于加强应用型本科院校建设的意见,在应用型本科试点院校成功经验总结的基础上,特邀请黑龙江省9所知名的应用型本科院校的专家、学者联合编写。

  本系列教材突出与办学定位、教学目标的一致性和适应性,既严格遵照学科体系的知识构成和教材编写的一般规律,又针对应用型本科人才培养目标及与之相适应的教学特点,精心设计写作体例,科学安排知识内容,围绕应用讲授理论,做到"基础知识够用、实践技能实用、专业理论管用"。同时注意适当融入新理论、新技术、新工艺、新成果,并且制作了与本书配套的PPT多媒体教学课件,形成立体化教材,供教师参考使用。

《应用型本科院校"十三五"规划教材》的编辑出版,是适应"科教兴国"战略对复合型、应用型人才的需求,是推动相对滞后的应用型本科院校教材建设的一种有益尝试,在应用型创新人才培养方面是一件具有开创意义的工作,为应用型人才的培养提供了及时、可靠、坚实的保证。

希望本系列教材在使用过程中,通过编者、作者和读者的共同努力,厚积薄发、推陈出新、细上加细、精益求精,不断丰富、不断完善、不断创新,力争成为同类教材中的精品。

前　言

《财务会计习题集》紧扣应用技术型专业人才的培养目标,以专业理论深度为重点,以实际会计工作任务为主线,参考行业标准(职业资格考试),将会计处理方法融于实际工作中,将会计核算岗位中所需的专业能力、方法能力以训练题的形式强化于学生,使学生理解本专业所需要的理论知识,实现教学内容的针对性和实用性,突出学生会计职业能力培养,强化学生会计应用能力培养。

本书是与《财务会计》教材配套的习题集,根据财务会计理论课程的内容分章节编制。其习题与教材内容紧密结合、重点突出、针对性强、题型标准、导向准确,能够帮助学生在做中学、学中练,实现技能与理论的真正结合,强化学生的实践操作能力。

本书由尚红岩、刘晓野任主编,王春燕、李丽娜、金美英任副主编,李淑娟任主审。具体分工如下:第一章、第二章、第三章由王春燕(哈尔滨剑桥学院)编写;第四章、第五章、第六章、第七章由李丽娜(哈尔滨剑桥学院)编写;第八章、第九章、第十一章、第十二章、第十四章由尚红岩(哈尔滨剑桥学院)编写;第十章由李淑娟(哈尔滨理工大学)编写;第十三章由金美英(哈尔滨剑桥学院)编写;第十五章、第十六章由刘晓野(哈尔滨剑桥学院)编写。

本书在编写过程中借鉴了国内一些财务会计优秀教材和财务会计习题集,在此向所有参考文献的编者表示谢意!

由于编者水平有限,加之编写时间仓促,书中难免存在疏漏之处,恳请读者批评指正。

编　者
2017 年 1 月

目 录

第一章　总论……………………………………………………………………………… 1
第二章　货币资金………………………………………………………………………… 6
第三章　应收款项………………………………………………………………………… 15
第四章　存货……………………………………………………………………………… 23
第五章　金融资产………………………………………………………………………… 37
第六章　长期股权投资…………………………………………………………………… 52
第七章　固定资产………………………………………………………………………… 61
第八章　无形资产及其他资产…………………………………………………………… 77
第九章　投资性房地产…………………………………………………………………… 85
第十章　负债……………………………………………………………………………… 91
第十一章　所有者权益…………………………………………………………………… 105
第十二章　收入…………………………………………………………………………… 113
第十三章　费用…………………………………………………………………………… 120
第十四章　利润…………………………………………………………………………… 128
第十五章　财务报告……………………………………………………………………… 135
第十六章　会计调整……………………………………………………………………… 143
参考文献…………………………………………………………………………………… 152

第一章
Chapter 1

总 论

一、单选题

1. 我国财务报告的主要目标是( )。
   A. 向财务报告使用者提供决策有用的信息
   B. 向财务报告使用者建议投资的方向
   C. 向财务报告使用者明示企业风险程度
   D. 向财务报告使用者建议提高报酬的途径

2. 确立会计核算空间范围所依据的会计核算的基本前提是( )。
   A. 会计主体   B. 会计分期
   C. 持续经营   D. 货币计量

3. 会计信息要有用,就必须满足一定的质量要求。比如,企业应当以实际发生的交易或者事项为依据进行确认、计量和报告,体现的会计信息质量要求是( )。
   A. 可靠性   B. 相关性
   C. 可比性   D. 重要性

4. 企业对交易或者事项进行会计确认、计量和报告应当保持应有的谨慎,不应高估资产或者收益、低估负债或者费用,所反映的是会计信息质量要求中的( )。
   A. 重要性   B. 实质重于形式
   C. 谨慎性   D. 及时性

5. 资产和负债按照在公平交易中,熟悉情况的交易双方自愿进行资产交换或者债务清偿的金额计量,所指的计量属性是( )。
   A. 历史成本   B. 可变现净值
   C. 现值   D. 公允价值

6. 企业将融资租入的固定资产作为自有固定资产管理,体现了会计信息质量要求中的

( )。
  A. 可比性 B. 及时性
  C. 实质重于形式 D. 谨慎性
7. 下列各项中,能同时使资产和负债发生变化的是( )。
  A. 赊购商品 B. 支付股票股利
  C. 接受捐赠 D. 收回应收账款
8. 下列各项中,属于反映企业财务状况的会计要素是( )。
  A. 资产 B. 收入
  C. 费用 D. 利润
9. 在会计计量中,一般采用的会计计量属性是( )。
  A. 历史成本 B. 重置成本
  C. 公允价值 D. 现值
10. 下列经济业务中,能引起公司股东权益总额变动的是( )。
  A. 盈余公积弥补亏损
  B. 股东大会向投资者宣告分配现金股利
  C. 向投资者分配股票股利
  D. 用资本公积金转增股本
11. 下列各项中,属于利得的是( )。
  A. 销售商品流入经济利益 B. 投资者投入资本
  C. 出租建筑物流入经济利益 D. 出售固定资产流入经济利益
12. 根据资产定义,下列事项中不属于资产特征的是( )。
  A. 资产是由企业过去交易或事项形成的
  B. 资产是企业拥有或控制的经济资源
  C. 资产预期会给企业带来未来经济利益
  D. 资产是可以辨认的
13. 下列各项中,属于费用的是( )。
  A. 对外捐赠支出 B. 企业开办费
  C. 债务重组损失 D. 出售无形资产损失
14. 明确会计反映的特定对象,界定会计核算空间范围的基本假设是( )。
  A. 会计主体 B. 持续经营
  C. 会计分期 D. 货币计量

二、多选题

1. 会计基本假设包括( )。

A. 会计主体 B. 持续经营
C. 会计分期 D. 货币计量

2. 我国财务会计信息质量要求包括( )。
A. 可读性 B. 实质重于形式
C. 相关性 D. 可比性

3. 下列各项中,体现会计核算的谨慎性要求的有( )。
A. 将融资租赁的固定资产视作自有资产核算
B. 采用双倍余额递减法对固定资产计提折旧
C. 对固定资产计提减值准备
D. 将长期借款利息予以资本化

4. 资产的特征有( )。
A. 资产必须是可辨认的
B. 资产预期会给企业带来经济利益
C. 资产应为企业拥有或者控制的资源
D. 资产是由企业过去的交易或者事项形成的

5. 反映企业财务状况的会计要素包括( )。
A. 资产 B. 负债
C. 所有者权益 D. 收入

6. 下列各项中,属于收入的有( )。
A. 租出资产 B. 接受投资者投入
C. 出售无形资产 D. 提供劳务

7. 下列说法中正确的有( )。
A. 导致经济利益流入企业的资源属于资产
B. 处置无形资产净收益不属于企业收入,而是计入损益的利得
C. 意外灾害导致的存货净损失不属于企业费用,而是直接计入当期损益的损失
D. 直接计入所有者权益的经济利益不属于企业收入

8. 下列属于资产负债表中所有者权益项目的有( )。
A. 实收资本 B. 资本公积
C. 本年利润 D. 未分配利润

9. 下列各项中,会引起企业所有者总额发生增减变动的有( )。
A. 资本公积转增资本 B. 分配股票股利
C. 分配现金股利 D. 接受股东投资

10. 下列活动所形成的经济利益流入中,不构成收入的有( )。
A. 出售周转材料 B. 转让无形资产使用权

C. 出售固定资产　　　　　　　　D. 出售无形资产

三、判断题

1. 企业的管理当局是财务会计信息的主要使用者。（　）
2. 会计主体都是法律主体，但是法律主体不一定都是会计主体。（　）
3. 企业如果将资本性支出作为收益性支出，则会高估资产价值和当期收益。（　）
4. 根据权责发生制，凡是不属于当期的收入和费用，即使款项已经在当期收付，也不应当作为当期的收入和费用。（　）
5. 配比原则要求企业在进行会计核算时，收入与其成本、费用应当相互配比，同一会计期间内的各项收入和与其相关的成本、费用应当在该会计期间内确认。（　）
6. 分配生产工人的职工薪酬会引起资产和负债同时增加。（　）
7. 企业的经营性租赁租入的资产，应当作为本企业的资产核算。（　）
8. 待处理财产损溢属于企业的资产。（　）
9. 利润反映的是某一时刻的财务状况。（　）
10. 将融资租赁的固定资产作为企业自有资产核算体现了谨慎性要求。（　）

四、简答题

1. 什么是会计假设？它包括哪些内容？
2. 简述资产的概念及特征。
3. 会计信息的质量要求有哪些？

参考答案

一、单选题

1. A　2. A　3. A　4. C　5. D　6. C　7. A　8. A　9. A　10. B　11. D　12. D　13. B　14. A

二、多选题

1. ABCD　2. BCD　3. BC　4. BCD　5. ABC　6. AD　7. ABCD　8. ABD　9. CD　10. CD

三、判断题

1. ×　2. ×　3. ×　4. √　5. √　6. √　7. ×　8. ×　9. ×　10. ×

四、简答题

1. 会计假设是对会计信息系统运行所依存的客观环境中与会计相关的因素进行的抽象与概括，是企业进行会计确认计量和报告的前提。目前，我国的会计假设包括会计主体、持续经营、会计分期及货币计量。

2. 资产是指企业过去的交易或者事项形成的、由企业拥有或者控制的、预期会给企业带来经济利益的资源。

根据资产的定义,资产具有以下三个特征:
(1)资产预期会给企业带来经济利益。
(2)资产应为企业拥有或者控制的资源。
(3)资产是由企业过去的交易或者事项形成的。

3. 会计信息的质量要求包括有用性、相关性、可靠性、及时性、可比性、重要性等。其中,有用性是最高层次的会计信息质量要求。有用的会计信息必须是使用者能加以理解的,因此,信息的可理解性是有用性的前提。有用的会计信息必须相关与可靠。会计信息的相关性是指提供的信息与信息使用者所要达到的目的相关,主要包括:一是提供的信息能够帮助使用者预测未来事项的结果,提高使用者决策的准确性,具有一定的预测价值;二是提供的信息能够把过去决策所产生的实际结果反馈给使用者,使之与当初的预测结查进行比较和修正,具有反馈价值;三是提供的信息能够在使用者需要的时间段内及时发布,具有及时性。会计信息的可靠性是指信息能够确切地表达经济活动的本来面目,主要包括:一是提供的会计信息必须与会计核算的客观事实相一致,即真实性;二是提供的会计信息必须保持中立的立场,不偏袒任何一方信息使用者,即中立性;三是提供的会计信息必须是可以核实的,即可核性。会计信息还应具有可比性和一致性。可比性强调在同行业企业间会计政策、会计程序和方法的相互可比,从而使信息使用者能够对不同企业的会计信息进行分析和比较。一致性强调某一企业在不同期间应尽可能做到选择会计政策、会计程序和方法的一贯性,从而使信息使用者对某一企业财务状况和经营成果的前后变化情况给予比较。会计信息还要对重要的经济事项及其影响,在会计上必须给予可靠的详尽揭示,而对次要的信息可以适当简化或省略,即披露重要的会计信息。

第二章

Chapter 2

货币资金

一、单选题

1. 下列各项中,不允许使用现金的是(　　)。
   A. 向个人收购废旧物资　　　　B. 支付个人劳务报酬
   C. 出差借支差旅费　　　　　　D. 购置固定资产
2. 企业在现金清查时发现现金溢余,但无法查明原因,报经批准处理后,计入(　　)。
   A. 财务费用　　　　　　　　　B. 管理费用
   C. 其他业务收入　　　　　　　D. 营业外收入
3. 企业存放在银行的下列款项中,不属于"其他货币资金"科目核算内容的是(　　)。
   A. 银行本票存款　　　　　　　B. 信用卡存款
   C. 外埠存款　　　　　　　　　D. 外币存款
4. 企业在款项结算中持有的下列票据中,应通过"应收票据"科目核算的是(　　)。
   A. 银行汇票　　　　　　　　　B. 银行本票
   C. 商业汇票　　　　　　　　　D. 支票
5. 企业销售货物时代购货方垫付的运杂费,在未收回货款之前,应作为(　　)。
   A. 应收账款　　　　　　　　　B. 预付账款
   C. 其他应收款　　　　　　　　D. 预提费用
6. 银行汇票的提示付款期限为自出票之日起(　　)。
   A. 1个月　　　　　　　　　　　B. 2个月
   C. 3个月　　　　　　　　　　　D. 6个月
7. 我国企业会计实务中的货币资金是指(　　)。
   A. 现金
   B. 现金和银行存款
   C. 库存现金和有价证券

D. 库存现金、银行存款和其他货币资金

8. 根据《银行结算办法》的规定,不定额银行本票的金额起点为( )。
   A. 100 元　　　　　　　　　　　B. 500 元
   C. 1 000 元　　　　　　　　　　D. 2 000 元

9. 在企业开立的诸多账户中,可以办理提现和发放工资的是( )。
   A. 专用存款账户　　　　　　　　B. 一般存款账户
   C. 临时存款账户　　　　　　　　D. 基本存款账户

10. 企业在现金清查时发现现金短缺,但无法查明原因,报经批准处理后,计入( )。
    A. 财务费用　　　　　　　　　　B. 管理费用
    C. 资产减值损失　　　　　　　　D. 营业外支出

11. 根据《银行账户管理办法》的规定,一般企事业单位只能选择一家银行的一个营业机构开立( )个基本存款账户。
    A. 2　　　　　　　　　　　　　　B. 4
    C. 没有限定　　　　　　　　　　D. 1

12. 支票的提示付款期为( )。
    A. 3 天　　　　　　　　　　　　B. 7 天
    C. 10 天　　　　　　　　　　　D. 15 天

二、多选题

1. 会导致企业银行存款日记账余额大于银行存款的是( )。
   A. 企业已经收款入账,银行尚未收款入账的款项
   B. 企业已经付款入账,银行尚未付款入账的款项
   C. 银行已经收款入账,企业尚未收款入账的款项
   D. 银行已经付款入账,企业尚未付款入账的款项

2. 其他货币资金包括( )。
   A. 银行存款　　　　　　　　　　B. 外埠存款
   C. 备用金　　　　　　　　　　　D. 存出投资款

3. 根据现金管理规定,下列各项允许使用现金的是( )。
   A. 向个人收购农副产品支付的价款
   B. 出差人员随身携带的差旅费
   C. 支付给职工的工资及各项福利费用
   D. 采购原材料支付的价款

4. 下列说法中不正确的是( )。
   A. 考虑企业的未来现金收入,签发了一张远期支票
   B. 在不影响企业自身业务的情况下,将账户暂时借给他人使用
   C. 根据自身业务需要,企业可开立多个基本存款账户

D. 支票必须由指定人员签发,其他人员一律不准签发

5. 付款人向异地收款人支付款项时,可以直接使用"银行存款"的结算方式有(　　)。
   A. 汇兑　　　　　　　　　　　B. 商业汇票
   C. 托收承付　　　　　　　　　D. 委托收款

6. 根据《银行账户管理办法》,企事业单位的存款账户分为(　　)。
   A. 基本存款账户　　　　　　　B. 一般存款账户
   C. 临时存款账户　　　　　　　D. 专用存款账户

7. 属于商业汇票适用范围的有(　　)。
   A. 先发货后收款的商品交易　　B. 先收款后发货的商品交易
   C. 钱货两清的商品交易　　　　D. 双方约定延期付款的商品交易

8. 下列符合支票结算基本规定的是(　　)。
   A. 不得出租出借支票　　　　　B. 不得签发空头支票
   C. 大小写金额可以不符　　　　D. 提示付款期1个月

9. 下列符合支票管理规定的是(　　)。
   A. 现金支票既可以提取现金也可以转账
   B. 支票金额必须在付款单位的存款余额内
   C. 不得出租、出借支票
   D. 特殊情况可签发空头支票

10. 下列结算方式中同城结算可采用的方式为(　　)。
    A. 商业汇票　　　　　　　　　B. 银行本票
    C. 托收承付　　　　　　　　　D. 银行承兑汇票

三、判断题

1. 根据现金管理的有关规定,在特殊情况下,企业报经开户银行审批后,可以在银行核定的坐支范围和限额内坐支现金。(　　)
2. 企业银行存款日记账与银行对账单如有不符,唯一的原因是存在未达账项。(　　)
3. 企业可以以其出纳员的名义在银行开立账户,存入单位资金。(　　)
4. 企业开立的一般存款账户,主要用于办理日常转账结算和现金收付。(　　)
5. 现金清查时发现现金溢余,将溢余金额计入"待处理财产损溢"科目,后经进一步核查,无法查明原因,经批准后,冲减当期管理费用。(　　)
6. 企业到外地进行零星或临时采购,汇往采购地银行开立采购专户的款项,应借记"其他货币资金——外埠存款"科目,贷记"银行存款"科目。(　　)
7. 将现金存入银行或从银行提取现金可以编制付款凭证,也可编制收款凭证。(　　)
8. 银行存款余额调节表是用来核对账目的,不能用来作为记账的凭证。(　　)

9. 我国的会计核算以人民币为记账本位币,因此,企业的现金是指库存的人民币现金,不包括外币。( )
10. 为便于结算,转账支票也可用于支取现金。( )

四、简答题

1. 简述企业允许使用现金的范围。
2. 货币资金内部控制制度的主要内容有哪些?
3. 现金管理制度的主要内容有哪些?
4. 使用银行本票办理结算应注意哪些问题?
5. 使用银行汇票办理结算应注意哪些问题?
6. 商业汇票结算方式有哪些优点?

五、业务处理题

1. 甲公司20×6年11月份有关库存现金的经济业务发生如下:
(1)11月1日以现金1 000元存入银行。
(2)11月3日拨付总经理办公室备用金2 000元(实行定额备用金制度)。
(3)11月5日购买办公用品500元,以现金支付。
(4)11月7日用现金预支职工李某差旅费800元。
(5)11月10日支付租用车辆的租金600元。
(6)11月15日从银行提取现金2 000元备用。
(7)11月17日职工李某报销差旅费700元,余款100元交回现金。
(8)11月18日销售一批产品,货款为600元,应交增值税102元,收到现金。
(9)11月20日现金清查中发现溢余50元,经批准转做营业外收入处理。
(10)11月21日现金清查中发现短缺100元,原因待查。
(11)11月23日总经理办公室凭报销单据报销购买办公用品的零星开支500元,补付现金。
(12)11月25日办公室处理废旧报纸收入50元。
要求:根据以上经济业务编制会计分录。
2. 甲公司20×6年5月有关银行存款的经济业务发生如下:
(1)5月1日投资者投入货币资金250 000元,存入银行。
(2)5月2日以银行存款200 000元,归还短期借款。
(3)5月3日收到应收账款50 000元存入银行。
(4)5月5日购进原材料一批货款100 000元,增值税税额为17 000元,原材料已经验收入库,开出支票支付货款。

(5)5月8日以银行存款支付本月行政管理部门电费1 800元。
(6)5月9日用银行存款上缴企业所得税税金3 500元。
(7)5月10日委托银行向外地某公司汇款1 850元,偿还前欠货款。
(8)5月12日销售一批商品,贷款50 000元,应交增值税8 500元,商品已发运,并向银行办妥托收手续。
(9)5月14日购买一批原材料,贷款40 000元,应交增值税6 800元,开出一张期限3个月的商业承兑汇票,原材料尚未运达。
(10)5月15日销售一批产品给本市某公司乙,计价30 000元,应交增值税5 100元。收到一张转账支票存入银行。
(11)5月18日销售甲产品,计价70 000元,应交增值税11 900元,收到一张银行本票存入银行。
(12)5月20日收到银行转来的付款凭证,增值税专用发票上列明货款10 000元,增值税为1 700元。有关单据上列明运杂费500元,经审查无误,当即承付。
(13)5月21日收到银行通知,前已托收的款项58 500元已收回。
(14)5月22日用银行存款支付广告费5 000元。
(15)5月23日从银行提取现金50 000元备发工资。
要求:根据以上业务,进行必要的计算和账务处理。

3. 甲公司20×6年3月31日的工商银行存款日记账余额为256 000元,银行对账单余额为265 000元,经查对有下列未达账项:
(1)企业于月末存入银行的转账支票2 000元,银行尚未入账。
(2)委托银行代收的销货款12 000元,银行已经收到入账,但企业尚未收到银行收款通知。
(3)银行代付本月电话费4 000元,企业尚未收到银行付款通知。
(4)企业于月末开出转账支票3 000元,持票人尚未到银行办理转账手续。
要求:根据以上材料,编制"银行存款余额调节表",甲公司20×2年3月31日可动用的银行存款数额为多少?

4. 甲公司20×6年6月有关其他货币资金的业务发生如下:
(1)6月2日企业办理信用卡申领手续,缴存信用卡备用金存款50 000元。
(2)6月5日企业向银行提交"银行汇票委托书",并将200 000元缴存银行,取得银行汇票。
(3)6月6日委托银行将100 000元汇往外地某银行开立临时存款账户。
(4)6月8日向银行申请面值20 000元的银行本票一张,本票已收到。
(5)6月10日用信用卡支付业务招待费4 000元。
(6)6月11日用银行汇票支付前欠货款180 000元。

(7)6月12日采购员从外地用临时存款购买原材料80 000元,应交增值税13 600元,材料尚在运输途中。

(8)6月15日银行通知,收到银行汇票及临时存款退回的余额。

要求:根据以上业务,进行必要的计算和账务处理。

参考答案

一、单选题

1.D 2.D 3.D 4.C 5.A 6.A 7.D 8.A 9.D 10.B 11.D 12.C

二、多选题

1.AD 2.BD 3.ABC 4.ABC 5.ACD 6.ABCD 7.AD 8.AB 9.BC 10.ABD

三、判断题

1.√ 2.× 3.× 4.× 5.× 6.√ 7.× 8.√ 9.× 10.×

四、简答题

1.(1)职工工资、津贴。

(2)个人劳务报酬。

(3)根据国家规定颁发给个人的科学技术、文化艺术、体育等各种奖金。

(4)各种劳保、福利费用以及国家规定的对个人的其他支出。

(5)向个人收购农副产品和其他物资的价款。

(6)出差人员必须随身携带的差旅费。

(7)结算起点以下的零星支出。

(8)中国人民银行确定需要支付现金的其他支出。

2.货币资金内部控制制度是指单位内部为了保护其货币资金的安全完整和有效运用,保证货币资金收付的真实合法,在分工基础上建立起来的相互制约的管理体系。有效的内部控制主要表现在以下几个方面:①货币资金的授权批准控制;②职务分离控制;③凭证稽核控制;④货币资金定期盘点与核对控制;⑤钱账分管、收支分管制度等。

3.企业库存现金的管理应遵守国务院颁布的《现金管理暂行条例》和中国人民银行颁布的《现金管理实施办法》的有关规定。包括:①规定现金使用范围;②规定库存现金限额及送存银行的期限;③规定不准坐支现金,即不得将单位收入的现金不通过银行直接用于本单位的支出;④不准携带大量现金外出采购;⑤现金管理上应严格遵守"管账不管钱,管钱不管账,钱账分开管理"的原则,配备专职出纳员;⑥库存现金不得"白条顶库",不准保留账外公款,不准用银行账户代其他单位和个人存取现金,不准套取现金,不准将公款私存等。

4.银行本票是银行向客户收妥款项后签发给在同城范围内办理转账结算或支取现金的票据,主要分为不定额本票和定额本票两种。应注意以下问题:①银行本票一律记名,允许背书转让;②银行本票的付款期限自出票日起最长不超过2个月,逾期的银行本票,兑付银行不予受理;③银行本票见票即付,不予挂失,遗失的不定额本票在付款期满后1个月、确未冒领,可以办理退款。

5. 银行汇票是出票银行签发的,由其在见票时按照实际结算金额无条件支付给收款人或持票人的票据。使用银行汇票结算时,应注意以下几点:①银行汇票的签发解讫,只限于参加全国联行往来的银行机构;②银行汇票一律记名,付款期限自出票日起1个月,逾期汇票,兑付银行不予受理;③银行汇票遗失,在付款期满后1个月,确未冒领,可以办理退款手续。

6. 商业汇票是出票人签发的,委托付款人在指定日期无条件支付确定金额给收款人或持票人的票据。按照承兑人的不同,可分为商业承兑汇票和银行承兑汇票。采用商业汇票办理结算有以下优点:①商业信用票据化;②具有较强的信息;③便利商品交易;④与融通资金相结合。

五、业务处理题

1. (1) 借:银行存款　　　　　　　　　　　　　　　1 000
　　　　贷:库存现金　　　　　　　　　　　　　　　1 000
(2) 借:备用金　　　　　　　　　　　　　　　　　2 000
　　　　贷:库存现金　　　　　　　　　　　　　　　2 000
(3) 借:管理费用　　　　　　　　　　　　　　　　500
　　　　贷:库存现金　　　　　　　　　　　　　　　500
(4) 借:其他应收款——李某　　　　　　　　　　　800
　　　　贷:库存现金　　　　　　　　　　　　　　　800
(5) 借:管理费用　　　　　　　　　　　　　　　　600
　　　　贷:库存现金　　　　　　　　　　　　　　　600
(6) 借:库存现金　　　　　　　　　　　　　　　　2 000
　　　　贷:银行存款　　　　　　　　　　　　　　　2 000
(7) 借:管理费用　　　　　　　　　　　　　　　　700
　　　　库存现金　　　　　　　　　　　　　　　100
　　　　贷:其他应收款——李某　　　　　　　　　　800
(8) 借:库存现金　　　　　　　　　　　　　　　　702
　　　　贷:主营业务收入　　　　　　　　　　　　　600
　　　　　　应交税费——应交增值税(销项税额)　　102
(9) 借:库存现金　　　　　　　　　　　　　　　　50
　　　　贷:待处理财产损溢——待处理流动资产损溢　50
　　　　借:待处理财产损溢——待处理流动资产损溢　50
　　　　贷:营业外收入　　　　　　　　　　　　　　50
(10) 借:待处理财产损溢——待处理流动资产损溢　100
　　　　贷:库存现金　　　　　　　　　　　　　　　100

(11) 借: 管理费用——办公费　　　　　　　　　　　　　　500
　　　贷: 库存现金　　　　　　　　　　　　　　　　　　　　500
(12) 借: 库存现金　　　　　　　　　　　　　　　　　　　50
　　　贷: 营业外收入　　　　　　　　　　　　　　　　　　　50
2. (1) 借: 银行存款　　　　　　　　　　　　　　　　250 000
　　　　贷: 实收资本　　　　　　　　　　　　　　　　　250 000
(2) 借: 短期借款　　　　　　　　　　　　　　　　　200 000
　　　贷: 银行存款　　　　　　　　　　　　　　　　　　200 000
(3) 借: 银行存款　　　　　　　　　　　　　　　　　 50 000
　　　贷: 应收账款　　　　　　　　　　　　　　　　　　 50 000
(4) 借: 原材料　　　　　　　　　　　　　　　　　　100 000
　　　应交税费——应交增值税(进项税额)　　　　　　 17 000
　　　贷: 银行存款　　　　　　　　　　　　　　　　　　117 000
(5) 借: 管理费用　　　　　　　　　　　　　　　　　 1 800
　　　贷: 银行存款　　　　　　　　　　　　　　　　　　 1 800
(6) 借: 应交税费——应交企业所得税　　　　　　　　 3 500
　　　贷: 银行存款　　　　　　　　　　　　　　　　　　 3 500
(7) 借: 应付账款——A 公司　　　　　　　　　　　　 1 850
　　　贷: 银行存款　　　　　　　　　　　　　　　　　　 1 850
(8) 借: 应收账款　　　　　　　　　　　　　　　　　58 500
　　　贷: 主营业务收入　　　　　　　　　　　　　　　　 50 000
　　　　应交税费——应交增值税(销项税额)　　　　　　 8 500
(9) 借: 在途物资　　　　　　　　　　　　　　　　　40 000
　　　应交税费——应交增值税(进项税额)　　　　　　 6 800
　　　贷: 应付票据　　　　　　　　　　　　　　　　　　 46 800
(10) 借: 银行存款　　　　　　　　　　　　　　　　 35 100
　　　贷: 主营业务收入　　　　　　　　　　　　　　　　 30 000
　　　　应交税费——应交增值税(销项税额)　　　　　　 5 100
(11) 借: 银行存款　　　　　　　　　　　　　　　　 81 900
　　　贷: 主营业务收入　　　　　　　　　　　　　　　　 70 000
　　　　应交税费——应交增值税(销项税额)　　　　　　11 900
(12) 借: 在途物资　　　　　　　　　　　　　　　　 10 500
　　　应交税费——应交增值税(进项税额)　　　　　　 1 700
　　　贷: 银行存款　　　　　　　　　　　　　　　　　　 12 200

(13)借:银行存款　　　　　　　　　　　　　　　　　58 500
　　　贷:应收账款　　　　　　　　　　　　　　　　　　　58 500
(14)借:销售费用——广告费　　　　　　　　　　　　5 000
　　　贷:银行存款　　　　　　　　　　　　　　　　　　　5 000
(15)借:库存现金　　　　　　　　　　　　　　　　　50 000
　　　贷:银行存款　　　　　　　　　　　　　　　　　　　50 000

3.
银行存款余额调节表
20×6年3月31日

项　目	金额/元	项　目	金额/元
企业银行存款日记账余额	256 000	银行对账单余额	265 000
加:银行已收,企业未收款	12 000	加:企业已收,银行未收款	2 000
减:银行已付,企业未付款	4 000	减:企业已付,银行未付款	3 000
调节后的存款余额	264 000	调节后的存款余额	264 000

甲公司20×6年3月31日可动用的银行存款数额为264 000元。

4.(1)借:其他货币资金——信用卡存款　　　　　　50 000
　　　贷:银行存款　　　　　　　　　　　　　　　　　　　50 000
(2)借:其他货币资金——银行汇票存款　　　　　　200 000
　　　贷:银行存款　　　　　　　　　　　　　　　　　　　200 000
(3)借:其他货币资金——外埠存款　　　　　　　　100 000
　　　贷:银行存款　　　　　　　　　　　　　　　　　　　100 000
(4)借:其他货币资金——银行本票存款　　　　　　20 000
　　　贷:银行存款　　　　　　　　　　　　　　　　　　　20 000
(5)借:管理费用——业务招待费　　　　　　　　　4 000
　　　贷:其他货币资金——信用卡存款　　　　　　　　　　4 000
(6)借:应付账款　　　　　　　　　　　　　　　　　180 000
　　　贷:其他货币资金——银行汇票存款　　　　　　　　　180 000
(7)借:在途物资　　　　　　　　　　　　　　　　　80 000
　　　应交税费——应交增值税(进项税额)　　　　　13 600
　　　贷:其他货币资金——外埠存款　　　　　　　　　　　93 600
(8)借:银行存款　　　　　　　　　　　　　　　　　26 400
　　　贷:其他货币资金——外埠存款　　　　　　　　　　　6 400
　　　　　　　　　　　——银行汇票存款　　　　　　　　　20 000

第三章 Chapter 3

应收款项

一、单选题

1. 某企业采用备抵法核算坏账,坏账准备按应收账款余额的0.5%计提。20×5年年初,"坏账准备"账户期初借方余额为2 000元,当年末应收账款余额为100万元;20×6年发生坏账3 000元,收回以前年度已注销的坏账1 000元。若20×6年年末应收账款余额为80万元,则当年应计提的坏账准备为( )。

 A.4 000元   B.2 000元
 C.1 000元   D.0元

2. 预付账款不多的企业,可以不设"预付账款"科目,而将预付账款计入( )。

 A."应收账款"科目的借方   B."应收账款"科目的贷方
 C."应付账款"科目的借方   D."应付账款"科目的贷方

3. 20×6年4月16日,A企业销售产品一批,价款为400万元,增值税为68万元,收到期限为6个月的商业承兑汇票一张,年利率为7%,则该票据到期时,A企业收到的票款为( )。

 A.468万元   B.484.38万元
 C.400万元   D.414万元

4. 某企业5月10日将一张面值为10 000元、出票日为4月20日、票面利率为6%、期限为30天的票据向银行贴现,贴现率为8%,则该票据的贴现息为( )。

 A.22.22元   B.22.33元
 C.66.66元   D.67元

5. 企业应按期计提坏账准备,对于已确认的坏账损失,应借记( )科目。

 A."管理费用"   B."财务费用"
 C."坏账准备"   D."资产减值损失"

6. 某企业年末应收账款余额为500 000元,坏账准备账户借方余额为2 000元,按0.3%

提取坏账准备,则应冲减的坏账准备为( )。

A.1 500元 B.2 000元
C.500元 D.3 500元

7.某企业年末应收账款余额为500 000元,坏账准备账户借方余额为1 000元,按0.5%提取坏账准备,则应提取的坏账准备为( )。

A.1 000元 B.2 500元
C.1 500元 D.3 500元

8.C企业20×5年年末坏账准备借方余额1 000元,20×6年1月末,应收账款借方余额68 000元,当月发生坏账损失1 500元,按应收账款余额的2%计提坏账准备,则该企业1月末坏账准备的余额为( )。

A.借方2 500元 B.贷方1 360元
C.贷方1 500元 D.借方1 140元

9.在按应收账款余额计提坏账准备的情况下,已核销的坏账又重新收回时,应借记( )科目。

A."营业外收入" B."应收账款"
C."坏账准备" D."管理费用"

10.企业将销售商品收到的银行承兑汇票背书转让给其他企业,用于支付购买原材料的价款,应贷记的科目是( )。

A."应收账款" B."应收票据"
C."应付票据" D."银行存款"

11.20×6年7月18日,A企业将收到的出票日为5月20日、期限为180天、面值为100 000元的票据到银行申请贴现。该票据的贴现天数为( )天。

A.180 B.122
C.120 D.121

12.企业的应收票据到期时,承兑人无力偿还票款的,应将其转入( )科目。

A.应收账款 B.应付账款
C.其他应收款 D.预收账款

13.确认坏账的条件之一是债务人逾期未履行偿债义务超过( )。

A.1年 B.2年
C.3年 D.5年

14.下列各项中,不通过"其他应收款"科目核算的是( )。

A.为购货方代垫的运费 B.应收保险公司的各项赔款
C.为职工代垫的房租 D.存出保证金

二、多选题

1. 企业发生的下列往来款项中,应作为"其他应收款"核算的有(　　)。
   A. 租入包装物支付的押金
   B. 应收的保险公司赔款
   C. 代职工垫付的水电费
   D. 销售产品代购货方垫付的运杂费

2. 企业采用备抵法核算坏账准备,估计坏账损失的方法有(　　)。
   A. 应收账款余额百分比法　　　　　　B. 账龄分析法
   C. 双倍余额递减法　　　　　　　　　D. 销货百分比法

3. 下列各项中,可以计提坏账准备的有(　　)。
   A. 应收账款　　　　　　　　　　　　B. 其他应收款
   C. 应收股息　　　　　　　　　　　　D. 应收票据

4. 下列各项中,构成应收账款入账价值的有(　　)。
   A. 增值税销项税额　　　　　　　　　B. 商业折扣
   C. 代购货方垫付的运杂费　　　　　　D. 销售货款

5. 应收账款包括(　　)。
   A. 销售商品应收的货款　　　　　　　B. 职工预借的差旅费
   C. 提供劳务应收的账款　　　　　　　D. 应收铁路部门的赔款

6. 下列各项中,应计入"坏账准备"账户贷方的有(　　)。
   A. 按规定提取的坏账准备　　　　　　B. 已发生的坏账
   C. 冲销多提的坏账准备　　　　　　　D. 收回过去确认并转销的坏账

7. 带息商业汇票到期值的计算与(　　)有关。
   A. 票据面值　　　　　　　　　　　　B. 票面利率
   C. 票据期限　　　　　　　　　　　　D. 贴现率

8. 下列各项中,会影响应收账款账面价值的有(　　)。
   A. 收回前期应收账款　　　　　　　　B. 发生赊销商品的业务
   C. 收回已转销的坏账　　　　　　　　D. 结转到期不能收回的票据

9. 在我国会计实务中,作为应收票据核算的票据有(　　)。
   A. 支票　　　　　　　　　　　　　　B. 银行汇票
   C. 商业承兑汇票　　　　　　　　　　D. 银行承兑汇票

10. 下列关于现金折扣与商业折扣的说法,正确的是(　　)。
    A. 我国会计实务中采用总价法核算存在现金折扣的交易
    B. 总价法是将未减去现金折扣前的金额作为实际售价,记作应收账款的入账价值

17

C. 在存在商业折扣的情况下,企业应收账款入账金额应按扣除商业折扣后的实际售价确认

D. 现金折扣是指债权人为鼓励债务人早日付款,而向债务人提供的债务扣除

三、判断题

1. 企业对于已转为坏账损失的应收账款已放弃了追索权。　　　　　　　　(　　)
2. 企业内部各部门周转使用的备用金,应在"其他应收款"科目核算,或单独设置"备用金"科目核算。　　　　　　　　　　　　　　　　　　　　　　　　　(　　)
3. 企业按年末应收账款余额的一定比例计算出的坏账准备,等于年末计入"管理费用——坏账损失"科目的金额。　　　　　　　　　　　　　　　　　　　(　　)
4. 企业因销售商品而应收的款项,如果收款期限较长,款项采用递延方式分期收取、实质上具有融资性质的,应通过"长期应收款"科目核算,不通过"应收账款"科目核算。(　　)
5. 企业发生的预付货款业务也可不通过"预付账款"科目,而在"应付账款"科目中进行核算,但在会计期末编制报表时应将二者分开报告。　　　　　　　　　(　　)
6. 预付款项情况不多的企业,也可不单独设置"预付账款"科目,而将预付的款项直接计入"应收账款"科目。　　　　　　　　　　　　　　　　　　　　　　(　　)
7. 已确认并已转销的坏账损失,以后又收回的,仍然应通过"应收账款"科目核算,并冲减"坏账准备"科目。　　　　　　　　　　　　　　　　　　　　　(　　)
8. 商业汇票到期时,如果因债务人无力支付款项而发生退票,应将应收票据转为其他应收款。　　　　　　　　　　　　　　　　　　　　　　　　　　　　(　　)
9. 预付货款可以在"应付账款"科目核算,因此,预付货款可以减少企业的负债。(　　)
10. 企业应向职工收取的暂付款项可在"应收账款"科目进行核算。　　　　(　　)

四、简答题

1. 应收账款的特点有哪些?
2. 如何确认坏账?
3. 带息和不带息应收票据在核算上有何区别?
4. 应收票据面值、到期价值与账面价值三者之间有何区别?
5. 应收票据贴现有何特点?为什么说贴现的带追索权的应收票据是一种或有负债?
6. 坏账损失核算中的直接转销法和备抵法有何区别?
7. 预付账款与应收账款在性质上有何区别?
8. 其他应收款包括哪些内容?应如何进行会计处理?

五、业务处理题

1. 甲企业销货收入为 1 600 000 元,增值税税额为 272 000 元,收到商业承兑汇票一张。汇票签发承兑日为 10 月 31 日,期限为 90 天,年利率为 9%,到期日为 1 月 29 日,贴现日为 11 月 30 日,贴现年利率为 7.2%。

要求:计算票据到期利息、到期值、贴现利息和贴现金额。

2. 甲企业 2012 年发生如下经济业务:

(1)1 月 5 日,出售商品给广安公司,收到现款 4 500 元及一张面值为 7 000 元、60 天期、利率为 8%、开票日为当天的票据。

(2)3 月 7 日,收到广安公司票据的本息。

(3)3 月 20 日,从客户兴华公司处收到一张面值为 8 000 元、利率为 7%、为期 90 天的票据。

(4)3 月 30 日,将兴华公司的票据向银行贴现,贴现率为 8%。

(5)4 月 6 日,收到客户红星公司交来的面值为 16 000 元、60 天期、利率为 8%、开票日期为 4 月 4 日的票据一张,用以延长已过期的账款。

(6)4 月 10 日,将红星公司票据按 9% 的利率向银行贴现。

(7)7 月 6 日,收到红星公司票据拒付的通知,付给银行这张票据的到期值。

(8)8 月 5 日,收到红星公司偿付其拒付票据的到期值及逾期 30 天、按 8% 的利率计算的利息。

(9)10 月 14 日,收到长城公司交来面值 10 000 元、60 天期、利率为 8%、开票日期为 10 月 12 日的票据一张,用以延长已过期的账款。

(10)11 月 6 日,将长城公司票据按 9% 的利率向银行贴现。

(11)12 月 11 日,收到长城公司票据拒付的通知,付给银行这张票据的到期值。

(12)12 月 31 日,经确认,长城公司的账款收回无望,转作坏账损失。

要求:根据上述资料进行必要的计算并编制会计分录。

参考答案

一、单选题

1. C 2. A 3. B 4. A 5. D 6. D 7. D 8. B 9. B 10. B 11. D 12. A 13. C 14. A

二、多选题

1. ABC 2. ABD 3. AB 4. ACD 5. AC 6. AD 7. ABC 8. ABD 9. CD 10. ABCD

三、判断题

1. × 2. √ 3. × 4. √ 5. √ 6. × 7. √ 8. × 9. × 10. ×

四、简答题

1. 第一，应收账款是由于商业信用而产生的，即是由于赊销业务而产生的。现金销售业务不会产生应收账款。第二，应收账款是由于企业与外单位之间因销售商品或提供劳务等经营业务而产生的。企业与外单位之间的其他往来关系，如企业与上下级单位之间的资金调拨、各种赔款和罚款、存出保证金和押金等，以及企业与内部各部门和职工个人之间的备用金、各种代垫款项等，都不属于应收账款，而是通过"其他应收款"等账户单独反映。第三，企业应收账款的产生一般都有表明产品销售和劳务提供过程已经完成、债权债务关系已经成立的书面文件，如产品出库单和发票、发货单等。如果购货方以票据的方式进行特定日期付款的书面承诺，则会计核算上将其作为应收票据而不作为应收账款反映。第四，应收账款的回收期一般都在一年或长于一年的一个经营周期内。

2. 坏账是无法收回的应收账款，因坏账而产生的损失称为坏账损失。我国现行会计制度规定，将应收账款确认为坏账应符合下列条件之一：一是债务人破产，依照破产清算程序进行清偿后，确实无法收回的部分；二是债务人死亡，既无财产可供清偿，又无义务承担人，确实无法收回的部分；三是债务人逾期未履行偿债义务超过3年，确实不能收回的应收账款。

3. 不带息应收票据的到期价值等于应收票据的面值。企业应当设立"应收票据"账户进行核算。收到应收票据时，按票面金额借记"应收票据"科目，贷记"应收账款""主营业务收入"等科目，应收票据到期收回的票面金额，借记"银行存款"科目，贷记"应收票据"科目；商业承兑汇票到期，承兑人违约拒付或无力偿还票款，收款企业应将到期票据的票面金额转入"应收账款"科目。带息应收票据的到期价值等于面值加上应计利息，其核算账户和步骤与不带息票据基本相同，只是在票据到期前的中期期末和年度终了时要计提利息，作为利息收入计入当期财务费用，并增加应收票据的账面价值。

4. 应收票据面值是指出票方在商业汇票上注明的价值。应收票据到期价值是票据到期时兑换的价值，对不带息票据而言，其到期价值等于面值，而带息票据的到期价值等于面值加上按票面利率计算的到期利息。应收票据的账面价值是指在账面上记录的应收票据价值，对于不带息票据而言，其账面价值无论在票据取得时还是票据到期时都是一样的，即等于面值；而对于带息票据（尤其是跨年度的带息票据），其账面价值在不同时期是不同的，即在取得票据时等于面值，在存续期间等于面值加上已发生的应计利息，在到期时等于面值加上到期的应计利息。

5. 一是票据贴现应办理背书手续，即持票人在票据背面签章并注明被背书人；二是要根据贴现期和贴现率计算贴现息以及贴现净额；三是贴现企业可能因此而承担连带付款责任。对于带追索权的应收票据贴现，当出票人不按期付款时，银行有权向申请贴现的企业追索。因此，应收票据贴现时，贴现企业承担着潜在的债务，这种债务可能发生也可能不发生，具体应视票据到期时付款方是否及时足额付款。会计上将这种潜在的债务称为或有负债。

6. 直接转销法是在实际发生坏账时确认坏账损失并计入当期损益的方法。这一方法是在发生坏账时,借记"管理费用"科目,贷记"应收账款"科目。如果已经确认的坏账由于某种原因又如数收回,为了通过"应收账款"账户系统反映顾客的信用状况,应先冲销发生坏账时的会计分录,再按正常程序反映应收账款的收回。直接转销法的优点是账务处理比较简单,但这种方法忽视了坏账损失与赊销的内在关系,不符合权责发生制和配比原则的要求,同时,期末资产负债表中列示的应收账款数额是其账面价值,而不是可变现价值,因而在一定程度上夸大了资产数额。备抵法是按期估计坏账并作为坏账损失计入当期管理费用,形成坏账准备。当某一应收账款全部或部分确认为坏账时,将其金额冲减坏账准备并相应转销应收账款的方法。在这种方法下,应设置"坏账准备"账户进行核算,该账户是"应收账款"的备抵账户,其贷方反映坏账准备的提取数额,借方反映坏账准备的转销数额,贷方余额反映已经提取尚未转销的坏账准备数额。在资产负债表上,"应收账款"应以其净额列示,表示应收账款的可收回净额。采用备抵法时首先应按期估计坏账,估计坏账的方法一般有应收账款余额百分比法、账龄分析法和赊销百分比法。

7. 预付账款是指企业因购进货物、接受劳务而按合同预先支付给供应方款项所产生的短期债权,如预付商品或材料的采购款、发放的农副产品预购定金等。应收账款是企业因销售商品、提供劳务等业务,应向客户收取的款项,它是企业的一项债权。预付账款与应收账款都属于企业的债权,但两者产生的原因不同。应收账款是企业应收的销货款,即应向购货方收取款项;预付账款是企业的购货款,即预先付给供货方的款项。

8. 其他应收款是指企业除应收账款、应收票据、预付账款以外的各种应收、暂付给其他单位和个人的款项,包括应收的各种赔款、罚款、存出保证金、股利、利润、利息以及应向职工收取的各种垫付款项。其他应收款是企业在购销活动之外产生的短期债权。企业应设置"其他应收款"账户核算上述其他应收款业务,借方登记各种其他应收款项的发生,贷方登记其他应收款项的收回,期末借方余额反映已经发生尚未收回的其他应收款。该账户应按不同的债务人设置明细账。企业也可以根据需要,分别将应收的股利、利息单独设置"应收股利""应收利息"账户进行核算。

五、业务处理题

1. (1) 票据到期利息 = (1 600 000 + 272 000) × 9% × 90/360 = 42 120(元)
  (2) 票据到期值 = (1 600 000 + 272 000) + 42 120 = 1 914 120(元)
  (3) 贴现利息 = 1 914 120 × 7.2% × 60/360 = 22 969.44(元)
  (4) 贴现金额 = 1 914 120 - 22 969.44 = 1 891 150.56(元)

2. (1) 借:应收票据   7 000
       银行存款   4 500
     贷:主营业务收入   9 829.05
         应交税金——应交增值税(销项税额)   1 670.95

  (2) 收到广安公司票据本息:

利息 = 7 000 × 8% × 60/360 = 93.33(元)

借:银行存款　　　　　　　　　　　　　　　　　7 093.33
　贷:应收票据　　　　　　　　　　　　　　　　　7 000
　　　财务费用　　　　　　　　　　　　　　　　　93.33

(3)借:应收票据　　　　　　　　　　　　　　　　8 000
　　贷:应收账款——兴华公司　　　　　　　　　　8 000

(4)票据到期值 = 8 000 + 8 000 × 7% × 90/360 = 8 140(元)
　贴现息 = 8 140 × 8% × 80/360 = 144.71(元)
　贴现所得净额 = 8 140 - 144.71 = 7 995.29(元)
　借:银行存款　　　　　　　　　　　　　　　　　7 995.29
　　　财务费用　　　　　　　　　　　　　　　　　4.71
　　贷:应收票据　　　　　　　　　　　　　　　　8 000

(5)借:应收票据　　　　　　　　　　　　　　　　16 000
　　贷:应收账款——红星公司　　　　　　　　　　16 000

(6)票据到期值 = 16 000 + 16 000 × 8% × 60/360 = 16 213.33(元)
　贴现息 = 16 213.33 × 9% × 54/360 = 218.88(元)
　贴现所得净额 = 16 213.33 - 218.88 = 15 994.45(元)
　借:银行存款　　　　　　　　　　　　　　　　　15 994.45
　　　财务费用　　　　　　　　　　　　　　　　　5.55
　　贷:应收票据　　　　　　　　　　　　　　　　16 000

(7)借:应收账款——红星公司　　　　　　　　　　16 213.33
　　贷:银行存款　　　　　　　　　　　　　　　　16 213.33

(8)逾期利息 = 16 213.33 × 8% × 30/360 = 108.10(元)

第四章
Chapter 4

存 货

一、单选题

1. 下列各项中,增值税一般纳税人企业不应计入收回委托加工物资成本的是( )。
   A. 随同加工费支付的增值税
   B. 支付的加工费
   C. 往返运杂费
   D. 支付的收回后直接用于销售的委托加工物资的消费税

2. 甲公司委托乙公司加工一批材料(属于应税消费品),原材料成本为620万元,支付加工费为100万元(不含增值税),消费税税率为10%(受托方没有同类消费品的销售价格),材料加工完成并已验收入库,加工费用等已经支付。双方适用的增值税税率为17%。甲公司按照实际成本核算原材料,将加工后的材料直接用于销售(售价不高于受托方计税价格),则收回的委托加工物资的实际成本为( )万元。
   A. 720 B. 737
   C. 800 D. 817

3. 某企业为增值税一般纳税人企业,适用的增值税税率为17%。该企业委托其他单位(增值税一般纳税人企业)加工一批属于应税消费品的原材料(非金银首饰),该批委托加工原材料收回后用于继续生产应税消费品,两种商品适用的消费税税率均为10%。发出材料的成本为180万元,支付的不含增值税的加工费为90万元,支付的增值税为15.3万元。该批原材料已加工完成并验收入库,其实际成本为( )万元。
   A. 270 B. 280
   C. 300 D. 315.3

4. 下列各项中,不应计入存货采购成本的是( )。
   A. 小规模纳税人购入存货时支付的增值税 B. 进口商品应支付的关税
   C. 运输途中合理损耗 D. 采购人员差旅费

5. 甲公司系增值税一般纳税人(增值税税率为17%),本期购入一批商品,增值税专用发票上注明的售价为400 000元,所购商品到达后验收发现短缺30%,其中合理损失为5%,另25%的短缺尚待查明原因。假设不考虑其他因素,该存货的实际成本为(　　)元。

  A.468 000   B.400 000

  C.368 000   D.300 000

6. 某增值税一般纳税企业购进农产品一批,支付买价12 000元,装卸费1 000元,入库前挑选整理费400元。按照税法规定,该购进农产品可按买价的13%抵扣增值税额。该批农产品的采购成本为(　　)元。

  A.12 000   B.12 200

  C.13 000   D.11 840

7. 某投资者以一批甲材料为对价取得A公司200万股普通股,每股面值1元,双方协议约定该批甲材料的价值为600万元(假定该价值是公允的)。A公司收到甲材料和增值税专用发票(进项税额为102万元)。该批材料在A公司的入账价值是(　　)万元。

  A.600   B.702

  C.200   D.302

8. 甲公司期末原材料的账面余额为100万元,数量为10吨。该原材料用于生产与乙公司所签合同约定的20台Y产品。该合同约定:甲公司为乙公司提供Y产品20台,每台售价10万元。将该原材料加工成20台Y产品尚需发生加工成本95万元;估计销售每台Y产品需发生相关税费1万元,本期期末市场上该原材料每吨售价为9万元,估计销售每吨原材料需发生相关税费0.1万元。期末该原材料的账面价值为(　　)万元。

  A.85   B.89

  C.100   D.105

9. 某工业企业为增值税一般纳税人,原材料采用实际成本法核算。该企业购入A种原材料500吨,收到的增值税专用发票上注明的价款为400万元,增值税额为68万元,另发生运输费用5.68万元(不含增值税),装卸费用2万元,途中保险费用1.5万元。原材料运抵企业后,验收入库原材料为499吨,运输途中发生合理损耗1吨。则该原材料的实际单位成本为(　　)万元。

  A.0.82   B.0.81

  C.0.80   D.0.83

10. 甲公司按单项存货计提存货跌价准备。20×6年年初企业存货中包含甲产品1 800件,单位实际成本为0.3万元,已计提的存货跌价准备为45万元。20×6年该公司未发生任何与甲产品有关的进货,甲产品当期售出600件。20×6年12月31日,该公司对甲产品进行检查时发现,库存甲产品均无不可撤销合同,其市场销售价格为每件0.26万元,预计销售每件甲产品还将发生销售费用及相关税金0.005万元。假定不考虑其他因素,该公司20×6年年末对甲产品计提的存货跌价准备为( )万元。

A.9 B.24
C.39 D.54

11.某企业采用成本与可变现净值孰低法对存货进行期末计价,成本与可变现净值按单项存货进行比较。20×6年12月31日,甲、乙、丙三种存货成本与可变现净值分别为:甲存货成本10万元,可变现净值8万元;乙存货成本12万元,可变现净值15万元;丙存货成本18万元,可变现净值15万元。甲、乙、丙三种存货已计提的跌价准备分别为1万元、2万元、1.5万元。假定该企业只有这三种存货,20×6年12月31日应补提的存货跌价准备总额为( )万元。

A.-0.5 B.0.5
C.2 D.5

12.甲公司系上市公司,20×6年年末库存中乙原材料、丁产成品的账面余额分别为1 000万元和500万元;年末计提跌价准备前库存乙原材料、丁产成品计提的跌价准备的账面余额分别为0万元和100万元。库存乙原材料将全部用于生产丙产品,预计丙产成品的市场价格总额为11万元,预计生产丙产成品还需发生除乙原材料以外的加工成本300万元;预计为销售丙产成品发生的相关税费总额为55万元。丙产成品销售中有固定销售合同的占80%,合同价格总额为900万元。丁产成品的市场价格总额为350万元,预计销售丁产成品发生的相关税费总额为18万元。假定不考虑其他因素,甲公司20×6年12月31日应计提的存货跌价准备为( )万元。

A.23 B.250
C.303 D.323

13.甲企业为增值税一般纳税企业。本月购进原材料100千克,货款为8 000元;增值税税额为1 360元;发生的保险费为350元,中途仓储费为1 000元,采购人员的差旅费为500元,入库前的挑选整理费用为150元;验收入库时发现数量短缺5%,经查属于运输途中合理损耗。甲企业该批原材料实际单位成本为每千克( )元。

A.105.26 B.114.32
C.100 D.95

14.20×6年12月31日,A公司库存原材料——B材料的账面价值(即成本)为120万元,市场价格总额为110万元,该材料用于生产K型机器。由于B材料市场价格下降,K型机器的销售价格由300万元下降为270万元,但生产成本仍为280万元,将B材料加工成K型机器尚需投入160万元,预计销售费用及税金为10万元,则20×6年年底B材料计入当期资产负债表存货项目的金额为( )万元。

A.110 B.100
C.120 D.90

二、多选题

1. 下列各项税金中,应计入存货成本的有(   )。
   A. 由受托方代收代缴的委托加工收回后直接用于对外销售(售价不高于受托方计税价格)的商品负担的消费税
   B. 由受托方代收代缴的委托加工收回后继续用于生产应税消费品负担的消费税
   C. 小规模纳税企业购入材料支付的增值税
   D. 一般纳税企业进口原材料缴纳的增值税

2. 下列关于存货可变现净值的说法中,正确的有(   )。
   A. 材料生产的产品过时,导致其市场价格低于产品成本,可以表明存货的可变现净值低于成本
   B. 为执行销售合同或者劳务合同而持有的存货,通常应当以产成品或商品的合同价格作为其可变现净值的计算基础
   C. 如果持有的存货数量少于销售合同订购数量,实际持有与该销售合同相关的存货应以销售合同所规定的价格作为可变现净值的计算基础
   D. 用于出售的材料等,通常以其所生产的商品的售价作为其可变现净值的计算基础

3. 下列各项中,计算材料存货可变现净值时,可能会影响可变现净值的有(   )。
   A. 估计售价   B. 存货的账面成本
   C. 估计发生的销售费用   D. 至完工估计将要发生的加工成本

4. 在确定存货可变现净值时,估计售价的确定方法有(   )。
   A. 为执行销售合同或者劳务合同而持有的存货,通常应当以产成品或商品的合同价格作为其可变现净值的基础
   B. 如果企业持有存货的数量多于销售合同订购的数量,超出部分的存货可变现净值,以产成品或商品的合同价格作为计量基础
   C. 没有销售合同约定的存货,但不包括用于出售的材料,其可变现净值应当以产成品的一般销售价格(即市场销售价格)作为计量基础
   D. 用于出售的材料等,应当以其预计售价作为其可变现净值的计量基础

5. 下列各项中,应计入存货实际成本中的有(   )。
   A. 用于直接对外销售(售价不高于受托方计税价格)的委托加工应税消费品收回时支付的消费税
   B. 材料采购过程中发生的非合理损耗
   C. 发出用于委托加工的物资在运输途中发生的保险费
   D. 商品流通企业外购商品时所支付的运杂费等相关费用

6. 关于存货的会计处理,下列表述中正确的有(   )。

A. 存货跌价准备通常应当按照单个存货项目计提,也可分类计提
B. 存货采购过程中发生的合理损耗计入存货采购成本,不影响存货的入库单价
C. 债务人因债务重组转出存货时不结转已计提的相关存货跌价准备
D. 因同一控制下企业合并换出的存货直接按账面价值转出

7. 下列各项业务中,可以引起期末存货账面价值发生增减变动的有(　　)。
   A. 计提存货跌价准备
   B. 转回存货跌价准备
   C. 存货出售结转成本的同时结转之前计提的存货跌价准备
   D. 存货盘盈

8. 企业期末编制资产负债表时,下列各项应包括在"存货"项目中的有(　　)。
   A. 库存商品   B. 周转材料
   C. 在产品   D. 材料成本差异

9. 下列各种物资中,应当作为企业存货核算的有(　　)。
   A. 委托代销商品   B. 发出商品
   C. 工程物资   D. 在产品

三、判断题

1. 商品流通企业在采购过程中发生的大额进货费用,应当计入存货成本。(　　)
2. 投资者投入的存货,应按投资合同或协议约定的价值作为实际成本,但合同或协议约定价值不公允的除外。(　　)
3. 用于出售的材料等,通常以其所生产的商品的售价作为其可变现净值的计算基础。(　　)
4. 持有存货的数量多于销售合同订购数量的,超出部分的存货可变现净值应当以产成品或商品的合同价格作为计算基础。(　　)
5. 企业对存货计提的跌价准备,在以后期间不能再转回。(　　)
6. 某企业月初库存材料为60件,每件为1 000元,月中又购进两批,一次200件,每件950元,另一次100件,每件1 046元,则月末该材料的加权平均单价为985元。(　　)
7. 企业将不能收回的应收账款确认为坏账损失时,应计入资产减值损失,并冲销相应的应收账。(　　)
8. 购入材料在运输途中发生的合理损耗不需单独进行账务处理。(　　)
9. 存货计价方法的选择,不仅影响着资产负债表中资产总额的多少,也影响利润表中的净利润。(　　)
10. 入库原材料形成的超支差异在"材料成本差异"账户的贷方予以登记。(　　)
11. 基本生产车间一般性领用的原材料,计入"制造费用"账户。(　　)

12. 无论企业对存货采用实际成本法核算,还是采用计划成本法核算,在编制资产负债表时,资产负债表上的存货项目反映的都是存货的实际成本。　　　　　　　(　　)
13. 发出原材料应负担的成本差异必须按月分摊。　　　　　　　　　　　　(　　)
14. 属于非常损失造成的存货毁损,应按该存货的实际成本计入营业外支出。(　　)

四、业务处理题

1. M企业委托N企业加工应税消费品,M、N两企业均为增值税一般纳税人,适用的增值税税率均为17%,适用的消费税税率为10%,M企业对原材料按实际成本进行核算,收回加工后的A材料用于继续生产应税消费品B产品。有关资料如下:

(1) 20×6年11月2日,M企业发出加工材料A材料一批,实际成本为710 000元。

(2) 20×6年12月20日,M企业以银行存款支付N企业加工费100 000元(不含增值税)以及相应的增值税和消费税。

(3) 12月31日,A材料加工完成,已收回并验收入库,M企业收回的A材料用于生产合同所需的B产品1 000件,B产品合同价格为1 200元/件。

(4) 20×6年12月31日,库存的A材料预计市场销售价格为70万元,加工成B产品估计至完工尚需发生加工成本50万元,预计销售B产品所需的税金及费用为5万元,预计销售库存A材料所需的销售税金及费用为2万元。

(5) M企业存货跌价准备12月份的期初金额为0元。

要求:

(1) 编制M企业委托加工材料的有关会计分录。

(2) 假定20×6年年末,除上述A材料外,M企业无其他存货,试分析M企业该批材料在20×6年年末是否发生减值,并说明该批材料在20×6年年末资产负债表中应如何列示。

2. 甲公司按单项存货、按年计提跌价准备。20×6年12月31日,甲公司期末存货有关资料如下:

(1) A产品库存100台,单位成本为15万元,A产品市场销售价格为每台18万元,预计运杂费等销售税费为平均每台1万元,未签订不可撤销的销售合同。

要求:判断A产品期末是否计提存货跌价准备。说明A产品期末资产负债表中"存货"项目列示的金额。

(2) B产品库存为500台,单位成本为4.5万元,B产品市场销售价格为每台4万元。甲公司已经与长期客户某企业签订一份不可撤销的销售合同,约定在20×7年2月10日向该企业销售B产品300台,合同价格为每台5万元。向长期客户销售的B产品平均运杂费等销售税费为每台0.3万元;向其他客户销售的B产品平均运杂费等销售税费为每台0.4万元。B产品的存货跌价准备期初余额为50万元。

要求:计算B产品计提的存货跌价准备金额并编制相关会计分录。说明B产品期末在资产负债表"存货"项目中列示的金额。

(3)C产品存货跌价准备的期初余额为270万元,20×6年销售C产品结转存货跌价准备195万元。年末C产品库存1 000台,单位成本为3.7万元,C产品市场销售价格为每台4.5万元,预计平均运杂费等销售税费为每台0.5万元,未签订不可撤销的销售合同。

要求:计算C产品本期计提或者转回存货跌价准备的金额,并编制相关会计分录。说明C产品期末在资产负债表"存货"项目中列示的金额。

(4)D原材料400千克,单位成本为2.25万元,合计900万元,D原材料的市场销售价格为每千克1.2万元。现有D原材料可用于生产400台D产品,预计加工成D产品还需每台投入成本0.38万元。D产品已签订不可撤销的销售合同,约定次年按每台3万元价格销售400台。预计平均运杂费等销售税费为每台0.3万元。

要求:判断D原材料是否计提存货跌价准备,说明D原材料期末资产负债表"存货"项目列示金额。

(5)E配件100千克,每千克配件的账面成本为24万元,市场价格为20万元。该批配件可用于加工80件E产品,估计每件加工成本尚需投入34万元。E产品20×6年12月31日的市场价格为每件57.4万元,估计销售过程中每件将发生销售费用及相关税费2.4万元。E配件期初的存货跌价准备余额为0元。

要求:计算E配件计提存货跌价准备的金额并编制相关会计分录,说明E配件期末资产负债表"存货"项目列示金额。

(6)甲公司与乙公司签订一份F产品销售合同,该合同为不可撤销合同,约定在20×7年2月底以每件0.45万元的价格向乙公司销售300件F产品,如果违约应支付违约金60万元。20×6年12月31日甲公司已经生产出F产品300件,每件成本为0.6万元,总额为180万元,市场价格为每件0.4万元。假定甲公司销售F产品不发生销售费用。

要求:计算F产品应计提存货跌价准备。

3.大庆股份有限公司是一般纳税人,适用的增值税税率为17%。期末存货采用成本与可变现净值孰低法计价。20×6年9月26日大庆股份有限公司与M公司签订销售合同:由大庆股份有限公司于20×7年3月6日向M公司销售笔记本电脑10 000台,每台售价1.5万元。20×6年12月31日大庆股份有限公司库存笔记本电脑14 000台,单位成本为1.41万元。20×6年12月31日市场销售价格为每台1.3万元,预计销售税费均为每台0.05万元。大庆股份有限公司于20×7年3月6日向M公司销售笔记本电脑10 000台,每台1.5万元。大庆股份有限公司于20×7年4月6日销售笔记本电脑1 000台,市场销售价格为每台1.2万元。货款均已收到。20×7年年末,笔记本电脑的市场销售价格为每台1.3万元。

要求:

(1)编制20×6年年末计提存货跌价准备的会计分录,并列示计算过程。

(2)编制20×7年有关销售业务及期末计提存货跌价准备的相关会计分录。

4. 飞翔公司为增值税一般纳税人,适用的增值税税率为17%,材料采用实际成本日常核算。该公司20×6年3月末结存存货200万元,全部为A产品,存货跌价准备余额为0元。该公司按月计提存货跌价准备。4月份发生如下经济业务:

(1)购买原材料甲一批,增值税专用发票上注明的价款为360万元,增值税税额为61.2万元,公司已开出商业承兑汇票一张。该原材料已验收入库。

(2)用原材料甲对外投资,该批原材料的成本为80万元,双方协议作价为120万元(公允价值),投资后对被投资方具有重大影响。

(3)销售A产品一批,销售价格为200万元(不含增值税税额),实际成本为160万元,提货单和增值税专用发票已交购货方,货款尚未收到。该销售符合收入确认条件。销售过程中发生相关费用4万元,均用银行存款支付。

(4)在建工程(厂房)领用外购原材料甲一批,该批原材料实际成本为40万元,应由该批原材料负担的增值税税额为6.8万元。

(5)本月领用原材料甲140万元用于生产A产品,生产过程中发生加工成本20万元,均为工薪酬(尚未支付)。本月产成品完工成本为160万元,月末无在产品。

(6)月末发现盘亏原材料甲一批,经查属自然灾害造成的毁损,已按管理权限报经批准该批原材料的实际成本为20万元,增值税税额为3.4万元。

(7)飞翔公司4月末结存的原材料甲的可变现净值为100万元,A产品可变现净值为180万元。4月末无其他存货。

要求:

(1)编制上述经济业务相关的会计分录("应交税费"科目要求写出明细科目及专栏名称)。

(2)计算飞翔公司4月末资产负债表中"存货"项目的金额。

五、案例分析题

甲公司为增值税一般纳税人,适用的增值税税率为17%。期末存货按照成本与可变现净值孰低计量,按单项存货计提存货跌价准备。该公司内部审计部门在对其20×6年度财务报表进行内审时,对以下交易或事项的会计处理提出疑问。

(1)20×6年3月,甲公司与乙公司签订一份不可撤销合同,约定在20×7年2月以每箱1.5万元的价格向乙公司销售500箱L产品;乙公司应预付定金80万元,若甲公司违约,则双倍返还定金。

20×6年12月31日,甲公司的库存中L产品1 000箱,每箱成本为1.45万元,按目前市场价格每箱成本为1.3万元,假定甲公司销售L产品不发生销售费用。

20×6年12月31日,因上述合同尚未履行,甲公司将收到乙公司的定金计入预收账款,未进行其他会计处理,其会计处理如下:

借:银行存款　　　　　　　　　　　　　　　　　　　　　80
　贷:预收账款　　　　　　　　　　　　　　　　　　　　80

(2)11月10日,甲公司发出A产品一批,委托丁公司以收取手续费方式代销,该批产品的成本为500万元。丁公司按照A产品销售价格的5%收取代销手续费,并在应付甲公司的款项中扣除。12月31日,甲公司收到丁公司的代销清单,代销清单载明丁公司已销售上述委托代销A产品的40%,销售价格为350万元(不含增值税),甲公司尚未收到上述款项。

20×6年12月31日,甲公司相关业务会计处理如下:

借:应收账款　　　　　　　　　　　　　　　　　　　　392
　贷:主营业务收入　　　　　　　　　　　　　　　　　332.5
　　　应交税费——应交增值税(销项税额)　　　　　　　59.5
借:主营业务成本　　　　　　　　　　　　　　　　　　200
　贷:发出商品　　　　　　　　　　　　　　　　　　　200

(3)20×6年1月1日,甲公司W型机器的成本为800万元,由于W型机器的市场价格下跌,已经计提存货跌价准备100万元。

20×6年12月31日由于W型机器的市场价格进一步上升,预计W型机器的可变现净值为835万元。甲公司20×6年12月31日按照可变现净值恢复存货价值,其会计处理如下:

借:存货跌价准备　　　　　　　　　　　　　　　　　　135
　贷:资产减值损失　　　　　　　　　　　　　　　　　135

要求:根据资料(1)～(3),逐项判断甲公司会计处理是否正确,如不正确,则简要说明理由,并编制更正有关会计差错的会计分录(有关会计差错更正按当期差错处理,不要求编制调整盈余公积的会计分录)。

参考答案

一、单选题

1.A　2.C　3.A　4.D　5.D　6.D　7.A　8.A　9.A　10.B　11.B　12.C　13.C　14.B

二、多选题

1.AC　2.ABC　3.ACD　4.ACD　5.ACD　6.AD　7.ABCD　8.ABCD　9.ABD

三、判断题

1.√　2.√　3.×　4.×　5.×　6.√　7.×　8.√　9.√　10.×　11.√　12.√　13.√　14.×

四、业务处理题

1.①发出委托加工材料时:

借:委托加工物资　　　　　　　　　　　　　　　　　710 000
　贷:原材料　　　　　　　　　　　　　　　　　　　710 000

②支付加工费及相关税金时：
增值税＝加工费×增值税税率
应交消费税＝组成计税价格×消费税税率
组成计税价格＝(发出委托加工材料成本＋加工费)/(1－消费税税率)
应支付的增值税＝100 000×17%＝17 000（元）
应支付的消费税＝(710 000＋100 000)÷(1－10%)×10%＝90 000（元）
借：委托加工物资　　　　　　　　　　　　　100 000
　　应交税费——应交增值税(进项税额)　　　17 000
　　　　　　——应交消费税　　　　　　　　90 000
　　贷：银行存款　　　　　　　　　　　　　207 000
③收回加工材料时：
收回加工材料实际成本＝710 000＋100 000＝810 000（元）
借：原材料　　　　　　　　　　　　　　　　810 000
　　贷：委托加工物资　　　　　　　　　　　810 000
(2)①用A材料所生产的B产品可变现净值＝1 000×1 200－50 000＝1 150 000（元）
B产品成本＝810 000＋500 000＝1 310 000（元）
B产品成本＞B产品可变现净值，B产品发生减值，相应的A材料应按可变现净值与成本孰低计价。
A材料可变现净值＝1 000×1 200－500 000－50 000＝650 000（元）
A材料成本为810 000元。
因此A材料应计提存货跌价准备160 000元(810 000－650 000)。
②该批材料应在M企业20×6年年末资产负债表中"存货"项目下列示的金额为650 000元。

2.(1)A产品可变现净值＝100×(18－1)＝1 700（万元），A产品成本＝100×15＝1 500（万元），可以得出A产品可变现净值大于产品成本，则A产品不需要计提存货跌价准备。
20×6年12月31日A产品在资产负债表"存货"项目中列示的金额为1 500万元。
(2)①签订合同部分300台可变现净值＝300×(5－0.3)＝1 410(万元)
成本＝300×4.5＝1 350（万元）
则签订合同部分不需要计提存货跌价准备。
②未签订合同部分200台。
可变现净值＝200×(4－0.4)＝720（万元）
成本＝200×4.5＝900（万元）
应计提存货跌价准备＝(900－720)－50＝130（万元）
借：资产减值损失　　　　　　　　　　　　　1 300 000

贷:存货跌价准备　　　　　　　　　　　　　　　　　　　　　　1 300 000
　B 产品期末在资产负债表"存货"项目中列示的金额 = 1 350 + 720 = 2 070(万元)
　(3)可变现净值 = 1 000 × (4.5 - 0.5) = 4 000(万元)
　产品成本 = 1 000 × 3.7 = 3 700(万元)
　产品可变现净值高于成本,所以期末存货跌价准备科目余额为 0 元。
　应转回的存货跌价准备 = 270 - 195 = 75(万元)(计提 = 期末 - 期初 + 借方发生额,195 = 0 - 270 + 195 = - 75(万元))
　借:存货跌价准备　　　　　　　　　　　　　　　　　　　　　　750 000
　　贷:资产减值损失　　　　　　　　　　　　　　　　　　　　　750 000
　C 产品期末资产负债表"存货"项目列示金额为 3 700 万元。
　(4)D 产品可变现净值 = 400 × (3 - 0.3) = 1 080(万元),D 产品的成本 = 400 × 2.25 + 400 × 0.38 = 1 052(万元),由于 D 产品未发生减值,因此 D 原材料不需要计提存货跌价准备。
　D 原材料期末在资产负债表"存货"项目中列报金额为 900 万元。
　(5)E 配件是用于生产 E 产品的,所以应先判断 E 产品是否减值。
　E 产品可变现净值 = 80 × (57.4 - 2.4) = 4 400(万元)
　E 产品成本 = 100 × 24 + 80 × 34 = 5 120(万元),E 产品发生减值。
　进一步判断 E 配件的减值金额:
　E 配件可变现净值 = 80 × (57.4 - 34 - 2.4) = 1 680(万元)
　E 配件成本 = 100 × 24 = 2 400(万元)
　E 配件应计提的存货跌价准备 = 2 400 - 1 680 = 720(万元)
　借:资产减值损失　　　　　　　　　　　　　　　　　　　　　　7 200 000
　　贷:存货跌价准备——E 配件　　　　　　　　　　　　　　　　7 200 000
　E 配件期末资产负债表"存货"项目列示金额为 1 680 万元。
　(6)待执行合同变为亏损合同,如果合同存在标的资产,应计提存货跌价准备。执行合同损失 = 180 - 0.45 × 300 = 45(万元);不执行合同违约金损失为 60 万元,退出合同最低净成本为 45 万元,所以选择执行合同。由于存货发生减值,应计提存货跌价准备 45 万元。
　借:资产减值损失　　　　　　　　　　　　　　　　　　　　　　450 000
　　贷:存货跌价准备——F 产品　　　　　　　　　　　　　　　　450 000
　3.(1)20 × 6 年年末由于大庆股份有限公司持有的笔记本电脑数量 14 000 台多于已签订销售合同的数量 10 000 台。因此,销售合同约定数量 10 000 台应以合同价格作为计量基础,超出的 4 000 台的可变现净值应以一般销售价格作为计量基础。
　①有合同部分:
　可变现净值 = 10 000 × 1.5 - 10 000 × 0.05 = 14 500(万元)
　账面成本 = 10 000 × 1.41 = 14 100(万元)

成本低于可变现净值,没有发生减值,计提存货跌价准备金额为0元。
②没有合同的部分:
可变现净值 = 4 000 × 1.3 - 4 000 × 0.05 = 5 000(万元)
账面成本 = 4 000 × 1.41 = 5 640(万元)
可变现净值低于成本,发生了减值。
计提存货跌价准备金额 = 5 640 - 5 000 = 640(万元)
③会计分录:

借:资产减值损失 6 400 000
　　贷:存货跌价准备 6 400 000

(2)①20×7年3月6日向M公司销售笔记本电脑10 000台。

借:银行存款 175 500 000
　　贷:主营业务收入 150 000 000(10 000 × 15 000)
　　　　应交税费——应交增值税(销项税额) 25 500 000
　　　　(150 000 000 × 17%)
借:主营业务成本 141 000 000(10 000 × 14 100)
　　贷:库存商品 141 000 000

②20×7年4月6日销售笔记本电脑1 000台,市场销售价格为每台1.2万元。

借:银行存款 14 040 000
　　贷:主营业务收入 12 000 000(1 000 × 12 000)
　　　　应交税费——应交增值税(销项税额) 2 040 000(12 000 000 × 17%)
借:主营业务成本 14 100 000(1 000 × 14 100)
　　贷:库存商品 14 100 000

因销售应结转的存货跌价准备 = 640 × 1 000 ÷ 4 000 = 160(万元)

借:存货跌价准备 1 600 000
　　贷:主营业务成本 1 600 000

20×7年年末剩余笔记本电脑的成本 = 3 000 × 1.41 = 4 230(万元),可变现净值 = 3 000 × 1.3 = 3 900(万元),期末存货跌价准备应有余额 = 4 230 - 3 900 = 330(万元),存货跌价准备账户已有金额 = 640 - 160 = 480(万元),转回存货跌价准备 480 - 330 = 150(万元)。

借:存货跌价准备 1 500 000
　　贷:资产减值损失 1 500 000

4.(1)编制相关的会计分录:

①借:原材料 3 600 000
　　　应交税费——应交增值税(进项税额) 612 000
　　贷:应付票据 4 212 000

②借:长期股权投资　　　　　　　　　　　　　1 404 000
　　贷:其他业务收入　　　　　　　　　　　　1 200 000
　　　　应交税费——应交增值税(销项税额)　　　204 000
　借:其他业务成本　　　　　　　　　　　　　800 000
　　贷:原材料　　　　　　　　　　　　　　　　800 000
③借:应收账款　　　　　　　　　　　　　　　2 340 000
　　贷:主营业务收入　　　　　　　　　　　　2 000 000
　　　　应交税费——应交增值税(销项税额)　　　340 000
　借:主营业务成本　　　　　　　　　　　　　1 600 000
　　贷:库存商品　　　　　　　　　　　　　　1 600 000
　借:销售费用　　　　　　　　　　　　　　　　40 000
　　贷:银行存款　　　　　　　　　　　　　　　40 000
④借:在建工程　　　　　　　　　　　　　　　　468 000
　　贷:原材料　　　　　　　　　　　　　　　　400 000
　　　　应交税费——应交增值税(进项税额转出)　68 000
⑤借:生产成本　　　　　　　　　　　　　　　1 400 000
　　贷:原材料　　　　　　　　　　　　　　　1 400 000
　借:生产成本　　　　　　　　　　　　　　　　200 000
　　贷:应付职工薪酬　　　　　　　　　　　　　200 000
　借:库存商品　　　　　　　　　　　　　　　1 600 000
　　贷:生产成本　　　　　　　　　　　　　　1 600 000
⑥借:待处理财产损溢　　　　　　　　　　　　　200 000
　　贷:原材料　　　　　　　　　　　　　　　　200 000
　借:营业外支出　　　　　　　　　　　　　　　200 000
　　贷:待处理财产损溢　　　　　　　　　　　　200 000

⑦ 4月末库存原材料甲的账面成本 = 360 - 80 - 40 - 140 - 20 = 80(万元),可变现净值为100万元,不需计提存货跌价准备。

库存A产品的账面成本 = 200 - 160 + 160 = 200(万元),可变现净值为180万元,需计提存货跌价准备20万元。

　借:资产减值损失　　　　　　　　　　　　　200 000
　　贷:存货跌价准备　　　　　　　　　　　　　200 000

(2) 4月末资产负债表中"存货"项目的金额 = 80 + 180 = 260(万元)

五、案例分析题

(1)事项(1)会计处理不正确。

理由:甲公司 20×6 年 12 月 31 日库存 1 000 箱 L 产品,有合同部分应当执行合同价,成本=500×1.45=725(万元),可变现净值=500×1.5=750(万元),成本小于可变现净值未发生减值;无合同部分按照市场价格计算可变现净值,可变现净值=500×1.3=650(万元),成本大于可变现净值,应当计提存货跌价准备=725-650=75(万元)。

更正分录为:

借:资产减值损失　　　　　　　　　　　　　　750 000
　贷:存货跌价准备　　　　　　　　　　　　　　750 000

(2)事项(2)会计处理不正确。

理由:甲公司收到代销清单时,应当将 350 万元全部确认收入,手续费部分应当计入销售费用而不能抵减收入部分。

更正分录为:

借:销售费用　　　　　　　　　　　　　1 750 000 (3 500 000×5%)
　贷:主营业务收入　　　　　　　　　　　1 750 000

(3)事项(3)会计处理不正确。

理由:W 型机器的可变现净值得以恢复,应冲减存货跌价准备,但是当期应转回的存货跌价准备为 100 万元而不是 135 万元(即以将对 W 型机器已计提的"存货跌价准备"余额冲减至零为限)。

更正分录为:

借:资产减值损失　　　　　　　　　　　　　　350 000
　贷:存货跌价准备　　　　　　　　　　　　　　350 000

第五章
Chapter 5

金融资产

一、单选题

1. 蓝田公司于20×6年6月10日购买运通公司股票3 000 000股,成交价格每股9.4元,作为可供出售金融资产;购买该股票另支付手续费等450 000元。10月20日,收到运通公司按每10股6元派发的现金股利。11月30日该股票市价为每股9元,20×6年12月31日以每股8元的价格将股票全部售出,则该可供出售金融资产影响20×6年投资收益的金额为( )元。

   A. -6 450 000   B. 1 800 000
   C. -2 850 000   D. -4 650 000

2. 甲公司于20×6年2月10日购入某上市公司股票100 000股,每股价格为15元(其中包含已宣告但尚未发放的现金股利每股0.5元),甲公司购入的股票暂不准备随时变现,划分为可供出售金融资产,甲公司购买该股票另支付手续费等100 000元,则甲公司该项投资的入账价值为( )元。

   A. 1 450 000   B. 1 500 000
   C. 1 550 000   D. 1 600 000

3. 20×6年1月2日,A公司从股票二级市场以每股3元的价格购入B公司发行的股票500 000股,划分为可供出售金融资产。20×6年3月31日,该股票的市场价格为每股3.2元。2016年6月30日,该股票的市场价格为每股2.9元。A公司预计该股票的价格下跌是暂时的。20×6年9月30日,B公司因违反相关证券法规,受到证券监管部门查处。受此影响,B公司股票的价格发生大幅度下跌,该股票的市场价格下跌到每股1.5元。则20×6年9月30日A公司正确的会计处理是( )。

   A. 借:资产减值损失   750 000
         贷:可供出售金融资产——减值准备   700 000
             其他综合收益   50 000

B. 借:资产减值损失　　　　　　　　750 000
　　贷:可供出售金融资产——减值准备　750 000
C. 借:资产减值损失　　　　　　　　750 000
　　贷:其他综合收益　　　　　　　　750 000
D. 借:其他综合收益　　　　　　　　750 000
　　贷:可供出售金融资产——公允价值变动　750 000

4. 在已确认减值损失的金融资产价值恢复时,下列金融资产的减值损失不得通过损益账户转回的是(　　)。
　A. 持有至到期投资的减值损失　　　B. 可供出售债务工具的减值损失
　C. 可供出售权益工具的减值损失　　D. 贷款及应收款项的减值损失

5. 甲公司 20×6 年 6 月 1 日销售一批产品给大海公司,价款为 300 000 元,增值税为 51 000 元,双方约定大海公司应于 20×6 年 9 月 30 日付款。甲公司 20×0 年 7 月 10 日将应收大海公司的账款出售给招商银行,出售价款为 260 000 元,甲公司与招商银行签订的协议中规定,在应收大海公司账款到期,大海公司不能按期偿还时,银行不能向甲公司追偿。甲公司已收到款项并存入银行。甲公司出售应收账款时下列说法中正确的是(　　)。
　A. 减少应收账款 300 000 元　　　B. 增加财务费用 91 000 元
　C. 增加营业外支出 91 000 元　　　D. 增加短期借款 351 000 元

6. 下列金融资产中,应作为可供出售金融资产核算的是(　　)。
　A. 企业从二级市场购入准备随时出售的普通股票
　B. 企业购入有意图和能力持有至到期的公司债券
　C. 企业购入的 A 公司 90%的股权
　D. 企业购入有公开报价但不准备随时变现的 A 公司 5%的股权

7. 下列各项中,不应计入相关金融资产或金融负债初始入账价值的是(　　)。
　A. 发行长期债券发生的交易费用
　B. 取得持有至到期投资发生的交易费用
　C. 取得交易性金融资产发生的交易费用
　D. 取得可供出售金融资产发生的交易费用

8. 长城股份有限公司于 20×6 年 2 月 28 日以每股 15 元的价格购入某上市公司股票 1 000 000 股,划分为交易性金融资产,购买该股票另支付手续费 200 000 元。6 月 22 日,收到该上市公司按每股 1 元发放的现金股利。12 月 31 日该股票的市价为每股 18 元。20×6 年该交易性金融资产对长城公司营业利润的影响额为(　　)元。
　A. 2 800 000　　　　　　　　　　B. 3 200 000
　C. 3 800 000　　　　　　　　　　D. －200 000

9. 20×6 年 1 月 1 日,甲上市公司购入一批股票,作为交易性金融资产核算和管理。实际支付价款100万元,其中包含已经宣告的现金股利1万元,另发生相关费用2万元,均以银行存款支付。假定不考虑其他因素,该项交易性金融资产的入账价值为( )万元。

A. 100   B. 102
C. 99   D. 103

10. 甲公司20×6年7月1日将其于20×4年1月1日购入的债券予以转让,转让价款为21 001万元,该债券系20×4年1月1日发行的,面值为2 000万元,票面年利率为3%,到期一次还本付息,期限为3年。甲公司将其划分为持有至到期投资。转让时,利息调整明细科目的贷方余额为12万元,20×6年7月1日,该债券投资的减值准备金额为25万元。甲公司转让该项金融资产应确认的投资收益为( )万元。

A. -87   B. -37
C. -63   D. -13

11. 甲股份有限公司于20×6年4月1日购入面值为1 000万元的3年期债券并划分为持有至到期投资,实际支付的价款为1 500万元,其中包含已到付息期但尚未领取的债券利息20万元,另支付相关税费10万元。该项债券投资的初始入账金额为( )万元。

A. 1 510   B. 1 490
C. 1 500   D. 1 520

12. 20×6年6月1日,甲公司将持有至到期投资重分类为可供出售金融资产,在重分类日该债券的公允价值为50万元,其账面余额为48万元,未计提减值准备。20×6年6月20日,甲公司将可供出售的金融资产出售,所得价款为53万元。则出售时确认的投资收益为( )万元。

A. 3   B. 2
C. 5   D. 8

13. 下列金融资产中,应按公允价值进行初始计量,且交易费用不计入初始入账价值的是( )。

A. 交易性金融资产   B. 持有至到期投资
C. 应收款项   D. 可供出售金融资产

二、多选题

1. 下列关于可供出售金融资产中,正确的说法有( )。

A. 相对于交易性金融资产而言,可供出售金融资产的持有意图不明确
B. 可供出售金融资产应当按取得该金融资产的公允价值作为初始确认金额,相关交易费用计入投资收益
C. 支付的价款中包含了已宣告发放的现金股利的,应单独确认为应收项目
D. 企业持有上市公司限售股权且对上市公司不具有控制、共同控制或重大影响的,该限

售股权可划分为可供出售金融资产,也可划分为以公允价值计量且其变动计入当期损益的金融资产

2. 下列有关金融资产减值损失的计量中,正确的处理方法有(　　)。

A. 对于持有至到期投资,有客观证据表明其发生了减值的,应当根据其账面价值与预计未来现金流量现值之间的差额计算确认减值损失

B. 如果可供出售金融资产的公允价值发生较大幅度下降,或在综合考虑各种相关因素后,预期这种下降趋势属于非暂时性的,可以认定该可供出售金融资产已发生减值,应当确认减值损失

C. 对于已确认减值损失的可供出售债务工具,在随后的会计期间公允价值已上升且客观上与确认原减值损失后发生的事项有关的,原确认的减值损失应当予以转回,计入当期损益

D. 对于已确认减值损失的可供出售权益工具投资发生的减值损失,不得转回

3. 下列关于金融资产的后续计量说法中,不正确的有(　　)。

A. 贷款和应收款项以摊余成本进行后续计量

B. 如果某债务工具投资在活跃市场没有报价,则企业视其具体情况也可以将其划分为持有至到期投资

C. 贷款在持有期间所确认的利息收入必须采用实际利率计算,不能使用合同利率

D. 贷款和应收款项仅指金融企业发放的贷款和其他债权

4. 下列金融资产中,应按摊余成本进行后续计量的有(　　)。

A. 交易性金融资产　　　　　　B. 持有至到期投资
C. 贷款及应收款项　　　　　　D. 可供出售金融资产

5. 下列关于金融资产重分类的表述中,正确的有(　　)。

A. 初始确认为持有至到期投资的,不得重分类为交易性金融资产

B. 初始确认为交易性金融资产的,不得重分类为可供出售金融资产

C. 初始确认为可供出售金融资产的,不得重分类为持有至到期投资

D. 初始确认为贷款和应收款项的,不得重分类为可供出售金融资产

6. 将某项金融资产划分为持有至到期投资,应满足的条件有(　　)。

A. 到期日固定　　　　　　　　B. 回收金额固定或可确定
C. 企业有明确意图和能力持有至到期　D. 活跃市场

7. 下列各项中,应计入当期损益的有(　　)。

A. 金融资产发生的减值损失

B. 交易性金融资产在资产负债表日的公允价值变动额

C. 持有至到期投资取得时的交易费用

D. 可供出售金融资产在资产负债表日的公允价值变动额

8. 下列各项中,影响持有至到期投资期末摊余成本计算的有(　　)。

A. 确认的减值准备　　　　　　　　　B. 分期收回的本金
C. 利息调整的累计摊销额　　　　　　D. 对到期一次付息债券确认的票面利息

9. 下列各项关于金融资产的表述中,正确的有(　　)。
A. 以公允价值计量且其变动计入当期损益的金融资产不能重分类为持有至到期投资
B. 可供出售权益工具投资可以划分为持有至到期投资
C. 持有至到期投资不能重分类为以公允价值计量且其变动计入当期损益的金融资产
D. 持有至到期投资可以重分类为以公允价值计量且其变动计入当期损益的金融资产

10. 企业因持有至到期投资部分出售或重分类的金额较大,且不属于企业会计准则所允许的例外情况,使该投资的剩余部分不再适合划分为持有至到期投资的,企业应将该投资的剩余部分重分类为可供出售金融资产,下列关于该重分类过程的说法中正确的有(　　)。
A. 重分类日该剩余部分划分为可供出售金融资产按照公允价值入账
B. 重分类日该剩余部分的账面价值和公允价值之间的差额计入其他综合收益
C. 在出售该项可供出售金融资产时,原计入其他综合收益的部分相应地转出
D. 重分类日该剩余部分划分为可供出售金融资产按照摊余成本进行后续计量

11. 企业发生的下列事项中,影响"投资收益"科目金额的有(　　)。
A. 交易性金融资产在持有期间取得的现金股利
B. 贷款持有期间所确认的利息收入
C. 处置权益法核算的长期股权投资时,结转持有期间确认的其他综合收益金额
D. 取得可供出售金融资产发生的交易费用

三、判断题

1. 资产负债表日,可供出售金融资产的公允价值低于其账面余额时,应该计提可供出售金融资产减值准备。　　　　　　　　　　　　　　　　　　　　　　　　　　(　　)

2. 可供出售金融资产如发生减值,应计入资产减值损失,如属于暂时性的公允价值变动,则计入其他综合收益。　　　　　　　　　　　　　　　　　　　　　　　　　(　　)

3. 可供出售权益工具投资发生的减值损失,不得通过损益转回。　　　　　(　　)

4. 企业应当在资产负债表日对所有的金融资产的账面价值进行检查,金融资产发生减值的,应当计提减值准备。　　　　　　　　　　　　　　　　　　　　　　　(　　)

5. 可供出售金融资产公允价值变动形成的利得或损失,除减值损失和外币货币性金融资产形成的汇兑差额外,应当直接计入其他综合收益,在该金融资产终止确认时转出,计入当期损益。　　　　　　　　　　　　　　　　　　　　　　　　　　　　(　　)

6. 会计期末,如果交易性金融资产的成本高于市价,应该计提交易性金融资产跌价准备。
(　　)

7. 企业处置贷款和应收款项时,应将取得的价款与该贷款或应收款项账面价值之间的差

额计入投资收益。（　　）

8. 处置持有至到期投资时,应将实际收到的金额与其账面价值的差额计入公允价值变动损益。（　　）

9. 持有至到期投资、贷款和应收款项、可供出售金融资产不能重分类为以公允价值计量且其变动计入当期损益的金融资产;持有至到期投资和可供出售债务工具之间,满足一定条件时可以重分类,但不得随意进行重分类。（　　）

四、业务处理题

1. 甲公司为上市公司,20×5年至20×6年对乙公司股票投资有关的材料如下。

(1)20×5年5月20日,甲公司以银行存款300万元(其中包含乙公司已宣告但尚未发放的现金股利6万元)从二级市场购入乙公司10万股普通股股票,另支付相关交易费用1.8万元,甲公司将该股票投资划分为可供出售金融资产。

(2)20×5年5月27日,甲公司收到乙公司发放的现金股利6万元。

(3)20×5年6月30日,乙公司股票收盘价跌至每股26元,甲公司预计乙公司股价下跌是暂时性的。

(4)20×5年7月起,乙公司股票价格持续下跌;至12月31日,乙公司股票收盘价跌至每股20元,甲公司判断该股票投资已发生减值。

(5)20×6年4月26日,乙公司宣告发放现金股利每股0.1元。

(6)20×6年5月10日,甲公司收到乙公司发放的现金股利1万元。

(7)20×6年1月起,乙公司股票价格持续上升;至1月31日,乙公司股票收盘价升至每股25元。

(8)20×6年12月24日,甲公司以每股28元的价格在二级市场售出所持乙公司的全部股票,同时支付相关交易费用1.68万元。

假定甲公司在每年6月30日和12月31日确认公允价值变动并进行减值测试,不考虑所得税因素,所有款项均以银行存款收付。

要求:

(1)根据上述资料,逐笔编制甲公司相关业务的会计分录。

(2)分别计算甲公司该项投资对2015年度和2016年度营业利润的影响额。

("可供出售金融资产"科目要求写出明细科目)

2. A公司于20×5年1月1日从证券市场购入B公司20×8年1月1日发行的债券,债券是5年期,票面年利率是5%,每年1月5日支付上年度的利息,到期日一次归还本金和最后一期的利息。A公司购入债券的面值为1 000万元,实际支付的价款是1 015.35万元,另外,支付相关的费用10万元,A公司购入以后将其划分为持有至到期投资,购入债券实际利率为6%,假定按年计提利息。

20×5年12月31日,B公司发生财务困难,该债券预计未来的现金流量的现值为930万元(不属于暂时性的公允价值变动)。

20×6年1月2日,A公司将该持有至到期投资重分类为可供出售金融资产,且其公允价值为925万元。

20×6年2月20日A公司以890万元的价格出售所持有的B公司债券。

要求:

(1)编制20×5年1月1日,A公司购入债券时的会计分录。

(2)编制20×5年1月5日收到利息时的会计分录。

(3)编制20×5年12月31日确认投资收益的会计分录。

(4)计算20×5年12月31日应计提的减值准备的金额,并编制相应的会计分录。

(5)编制20×6年1月2日持有至到期投资重分类为可供出售金融资产的会计分录。

(6)编制20×6年2月20日出售债券的会计分录。

3. A公司与下述公司均不存在关联方关系。A公司20×6年的有关交易或事项如下。

(1)20×6年1月2日,A公司从深圳证券交易所购入甲公司股票1 000万股,占其表决权资本的1%,对甲公司无控制、共同控制和重大影响。支付款项8 000万元,另付交易费用25万元,准备近期出售。20×6年12月31日公允价值为8 200万元。

(2)20×6年1月20日,A公司从上海证券交易所购入乙公司股票2 000万股,占其表决权资本的2%,对乙公司无控制、共同控制和重大影响。支付款项10 000万元,另付交易费用50万元,不准备近期出售。20×6年12月31日公允价值为11 000万元。

(3)20×6年2月20日,A公司取得丙公司30%的表决权资本,对丙公司具有重大影响。支付款项60 000万元,另付交易费用500万元,其目的是准备长期持有。

(4)20×6年3月20日,A公司取得丁公司60%的表决权资本,对丁公司构成非同一控制下企业合并。支付款项90 000万元,另付评估审计费用800万元,其目的是准备长期持有。

(5)20×6年4月20日,A公司以银行存款500万元对戊公司投资,占其表决权资本的6%,另支付相关税费2万元。对戊公司无控制、无共同控制和重大影响,准备长期持有。

要求:分别说明A公司对各项股权投资如何划分,计算该投资的初始确认金额,编制相关会计分录。

4. 甲企业系上市公司,按年对外提供财务报表。企业有关交易性金融资产投资资料如下。

(1)20×5年3月6日甲企业以赚取差价为目的从二级市场购入的×公司股票1 000 000股,作为交易性金融资产,取得时公允价值为每股为5.2元,每股含已宣告但尚未发放的现金股利为0.2元,另支付交易费用5万元,全部价款以银行存款支付。

(2)20×5年3月16日收到购买价款中所含现金股利。

(3)20×5年12月31日,该股票公允价值为每股4.5元。

(4)20×5年2月21日,×公司宣告每股发放现金股利0.3元。

(5)20×6年3月21日,收到现金股利。
(6)20×6年12月31日,该股票公允价值为每股5.3元。
(7)20×6年3月16日,将该股票全部处置,每股5.1元,交易费用为50 000元。
要求:编制有关交易性金融资产的会计分录。

五、案例分析题

1. 甲公司为提高闲置资金的使用效率,20×6年度进行了以下投资。

(1)1月1日,购入乙公司于当日发行且可上市交易的债券50万张,支付价款4 795.06万元,该债券期限为5年,每张面值为100元,实际年利率为7%,票面年利率为6%,于每年12月31日支付当年度利息。甲公司有充裕的现金,管理层拟持有该债券至到期。

12月31日,甲公司收到20×6年度利息300万元。根据乙公司公开披露的信息,甲公司估计所持有乙公司债券的本金能够收回,未来年度每年能够从乙公司取得利息收入200万元。

(2)4月10日,购买丙公司首次公开发行的股票100万股,共支付价款300万元。甲公司取得丙公司股票后,对丙公司不具有控制、共同控制或重大影响。丙公司股票的限售期为1年,甲公司取得丙公司股票时没有将其直接指定为以公允价值计量且其变动计入当期损益的金融资产,也没有随时出售丙公司股票的计划。

12月31日,丙公司股票公允价值为每股5元。

(3)5月15日,从二级市场购买丁公司股票200万股,共支付价款920万元。取得丁公司股票时,丁公司已宣告尚未发放现金股利,每10股派发现金股利0.6元。

甲公司取得丁公司股票后,对丁公司不具有控制、共同控制或重大影响。甲公司管理层拟随时出售丁公司股票。

12月31日,丁公司股票公允价值为每股4.2元。

已知:$(P/A,7\%,4) = 3.387\ 2$,$(P/S,7\%,4) = 0.762\ 9$。

(本题不考虑所得税及其他因素)

要求:

(1)判断甲公司取得乙公司债券时应划分的金融资产类别,说明理由,并编制甲公司取得乙公司债券时的会计分录。

(2)计算甲公司20×6年度因持有乙公司债券应确认的投资收益金额,并编制相关会计分录。

(3)判断甲公司持有的乙公司债券20×6年12月31日是否应当计提减值准备,并说明理由。如应计提减值准备,计算减值准备金额并编制相关会计分录。

(4)判断甲公司取得丙公司股票时应划分的金融资产类别,说明理由,并编制甲公司20×6年12月31日确认所持有丙公司股票公允价值变动的会计分录。

(5)判断甲公司取得丁公司股票时应划分的金融资产类别,说明理由,并计算甲公司

20×6年度因持有丁公司股票应确认的损益。

（计算结果保留两位小数）

2. 星宇公司的财务经理李某在复核20×6年财务报表时，对以下交易或事项会计处理的正确性提出质疑。

（1）1月10日，从市场购入150万股甲公司发行在外的普通股，准备随时出售，以赚取差价，每股成本为5元。另支付交易费用10万元，对甲公司不具有控制、共同控制或重大影响。12月31日，甲公司股票的市场价格为每股6.8元。相关会计处理如下：

借：可供出售金融资产——成本　　　　　7 600 000
　　贷：银行存款　　　　　　　　　　　　　　7 600 000
借：可供出售金融资产——公允价值变动　2 600 000
　　贷：其他综合收益　　　　　　　　　　　　2 600 000

（2）3月20日，按面值购入乙公司发行的分期付息、到期还本债券10万张，支付价款1 000万元。该债券每张面值100元，期限为3年，票面年利率为6%，利息于每年年末支付。星宇公司将购入的乙公司债券分类为持有至到期投资，10月25日将所持有乙公司债券的50%予以出售，收到银行存款850万元，并将剩余债券重分类为可供出售金融资产，重分类日剩余债券的公允价值为850万元。除乙公司债券投资外，星宇公司未持有其他公司的债券。相关会计处理如下：

借：可供出售金融资产　　　　　　　8 500 000
　　银行存款　　　　　　　　　　　　8 500 000
　　贷：持有至到期投资　　　　　　　　10 000 000
　　　　投资收益　　　　　　　　　　　 7 000 000

（3）5月1日，购入丙公司发行的认股权证100万份，成本为300万元，每份认股权证可于两年后按每股5元的价格认购丙公司增发的1股普通股。12月31日，该认股权证的市场价格为每份2.5元。相关会计处理如下：

借：可供出售金融资产——成本　　　　　3 000 000
　　贷：银行存款　　　　　　　　　　　　　　3 000 000
借：其他综合收益　　　　　　　　　　　　 500 000
　　贷：可供出售金融资产——公允价值变动　 500 000

（4）6月15日，从二级市场购买丁公司发行在外普通股50万股，占丁公司5%的表决权，成本为360万元（公允价值），投资时丁公司可辨认净资产公允价值为8 000万元（各项可辨认资产、负债的公允价值与账面价值相同）。对丁公司不具有控制、共同控制或重大影响，不准备近期出售。相关会计处理如下：

借：长期股权投资——成本　　　　　　4 000 000
　　贷：银行存款　　　　　　　　　　　　　3 600 000
　　　　营业外收入　　　　　　　　　　　　 400 000

本题不考虑所得税及其他因素。

要求:根据以上资料,判断星宇公司上述业务的会计处理是否正确,同时说明判断依据;如果星宇公司的会计处理不正确,请编制更正的会计分录。(有关会计差错更正按当期差错处理)

参考答案

一、单选题

1. C 2. C 3. A 4. C 5. C 6. D 7. C 8. C 9. C 10. D 11. B 12. C 13. A

二、多选题

1. ACD 2. ABC 3. BCD 4. BC 5. AB 6. ABCD 7. AB 8. ABCD 9. AC 10. ABC
11. AC

三、判断题

1. × 2. √ 3. √ 4. × 5. √ 6. × 7. × 8. × 9. √

四、业务处理题

1.(1)20×5年5月20日:

借:可供出售金融资产——成本	2 958 000
应收股利	60 000
贷:银行存款	3 018 000

20×5年5月27日:

借:银行存款	60 000
贷:应收股利	60 000

20×5年6月30日:

借:其他综合收益	358 000
贷:可供出售金融资产——公允价值变动	358 000

20×5年12月31日:

借:资产减值损失	958 000
贷:其他综合收益	358 000
可供出售金融资产——减值准备	600 000

20×6年4月26日:

借:应收股利	10 000
贷:投资收益	10 000

20×6年5月10日:

借:银行存款	10 000
贷:应收股利	10 000

20×6年6月30日:

借:可供出售金融资产——减值准备	500 000

贷：其他综合收益　　　　　　　　　　500 000
20×6 年 12 月 24 日：
　　借：银行存款　　　　　　　　　　　　2 783 200
　　　　可供出售金融资产——减值准备　　100 000
　　　　　　　　　　——公允价值变动　　358 000
　　　贷：可供出售金融资产——成本　　　2 958 000
　　　　　投资收益　　　　　　　　　　　283 200
　　借：其他综合收益　　　　　　　　　　500 000
　　　贷：投资收益　　　　　　　　　　　500 000

（2）甲公司该项投资对 20×5 年度营业利润的影响额等于资产减值损失 95.8 万元,即减少营业利润 95.8 万元。

甲公司该项投资对 20×6 年度营业利润的影响额 = 1 + 28.32 + 50 = 79.32（万元）,即增加营业利润 79.32 万元。

2.（1）编制 20×5 年 1 月 1 日,A 公司购入债券时的会计分录：
　　借：持有至到期投资——成本　　　　　10 000 000
　　　　应收利息　　　　　　　　　　　　500 000
　　　贷：银行存款　　　　　　　　　　　10 153 500
　　　　　持有至到期投资——利息调整　　346 500

（2）编制 20×5 年 1 月 5 日收到利息时的会计分录：
　　借：银行存款　　　　　　　　　　　　500 000
　　　贷：应收利息　　　　　　　　　　　500 000

（3）编制 20×5 年 12 月 31 日确认投资收益的会计分录：
投资收益 = 期初摊余成本×实际利率 =（1 000 - 34.65）×6% = 57.92（万元）
　　借：应收利息　　　　　　　　　　　　500 000
　　　　持有至到期投资——利息调整　　　79 200
　　　贷：投资收益　　　　　　　　　　　579 200

（4）计算 20×5 年 12 月 31 日应计提减值准备的金额,并编制相应的会计分录：
20×5 年 12 月 31 日计提减值准备前的摊余成本 = 1 000 - 34.65 + 7.92 = 973.27（万元）计提减值准备 = 973.27 - 930 = 43.27（万元）
　　借：资产减值损失　　　　　　　　　　432 700
　　　贷：持有至到期投资减值准备　　　　432 700

（5）编制 20×6 年 1 月 2 日持有至到期投资重分类为可供出售金融资产的会计分录：
　　借：可供出售金融资产——成本　　　　10 000 000
　　　　持有至到期投资——利息调整　　　267 300

持有至到期投资减值准备　　　　　　　432 700
　　其他综合收益　　　　　　　　　　　　50 000
　　贷:持有至到期投资——成本　　　　　10 000 000
　　　　可供出售金融资产——利息调整　　267 300
　　　　　　　　　　　　——公允价值变动　482 700(10 000 000 – 9 250 000 – 267 300)

(6)编制20×6年2月20日出售债券的会计分录:
借:银行存款　　　　　　　　　　　　　8 900 000
　　可供出售金融资产——利息调整　　　267 300
　　　　　　　　　　——公允价值变动　482 700
　　投资收益　　　　　　　　　　　　　350 000
　　贷:可供出售金融资产——成本　　　10 000 000
借:投资收益　　　　　　　　　　　　　50 000
　　贷:其他综合收益　　　　　　　　　50 000

3. (1)购入甲公司股票应确认为交易性金融资产;对甲公司的投资初始确认成本为8 000万元。
借:交易性金融资产——成本　　　　　　80 000 000
　　投资收益　　　　　　　　　　　　　250 000
　　贷:银行存款　　　　　　　　　　　80 250 000
借:交易性金融资产——公允价值变动　　2 000 000(82 000 000 – 80 000 000)
　　贷:公允价值变动损益　　　　　　　2 000 000

(2)购入乙公司股票应确认为可供出售金融资产;对乙公司的投资初始确认成本为10 050万元(10 000 + 50)。
借:可供出售金融资产——成本　　　　　100 500 000
　　贷:银行存款　　　　　　　　　　　100 500 000
借:可供出售金融资产——公允价值变动　9 500 000 (110 000 000 – 100 500 000)
　　贷:其他综合收益　　　　　　　　　9 500 000

(3)取得丙公司股权应确认为长期股权投资;对丙公司的投资初始确认成本为60 500万元(60 000 + 500)。
借:长期股权投资——投资成本　　　　　605 000 000
　　贷:银行存款　　　　　　　　　　　605 000 000

(4)取得丁公司股权应确认为长期股权投资;对丁公司的投资初始确认成本为90 000万元。
借:长期股权投资　　　　　　　　　　　900 000 000
　　管理费用　　　　　　　　　　　　　8 000 000

贷:银行存款　　　　　　　　　　　　　　908 000 000
　(5)对戊公司的投资应确认为可供出售金融资产;对戊公司的投资初始确认成本为 502 万元(500 + 2)。
　　借:可供出售金融资产　　　　　　　　　5 020 000
　　　贷:银行存款　　　　　　　　　　　　5 020 000
4.(1)2015 年 3 月 4 日取得交易性金融资产。
　　借:交易性金融资产——成本　　　　　　5 000 000[1 000 000 ×(5.2 - 0.2)]
　　　应收股利　　　　　　　　　　　　　200 000
　　　投资收益　　　　　　　　　　　　　　50 000
　　　贷:银行存款　　　　　　　　　　　　5 250 000
　(2)2015 年 3 月 16 日收到购买价款中所含的现金股利。
　　借:银行存款　　　　　　　　　　　　　200 000
　　　贷:应收股利　　　　　　　　　　　　200 000
　(3)2015 年 12 月 31 日,该股票公允价值为每股 4.5 元。
　　借:公允价值变动损益　　　　　　　　　500 000[(5 - 4.5) × 1 000 000]
　　　贷:交易性金融资产——公允价值变动　500 000
　(4)2016 年 2 月 21 日,×公司宣告发放的现金股利。
　　借:应收股利　　　　　　　　　　　　　300 000(1 000 000 × 0.3)
　　　贷:投资收益　　　　　　　　　　　　300 000
　(5)2016 年 3 月 21 日,收到现金股利。
　　借:银行存款　　　　　　　　　　　　　300 000
　　　贷:应收股利　　　　　　　　　　　　300 000
　(6)2016 年 12 月 31 日,该股票公允价值为每股 5.3 元。
　　借:交易性金融资产——公允价值变动　　800 000
　　　贷:公允价值变损益　　　　　　　　　800 000[(5.3 - 4.5) × 1 000 000]
　(7)2016 年 3 月 16 日,将该股票全部处置,每股 5.1 元交易费用为 5 万元。
　　借:银行存款　　　　　　　　　　　　　5 505 000(5 100 000 - 50 000)
　　　投资收益　　　　　　　　　　　　　250 000
　　　贷:交易性金融资产——成本　　　　　5 000 000
　　　　　　　　　　　　——公允价值变动　300 000
　　借:公允价值变动损益　　　　　　　　　300 000
　　　贷:投资收益　　　　　　　　　　　　300 000

五、案例分析题

1.(1)甲公司应将取得的乙公司债券划分为持有至到期投资。

理由:甲公司有充裕的现金,且管理层拟持有该债券至到期。
甲公司取得乙公司债券时的会计分录:
借:持有至到期投资——成本　　　　　　50 000 000
　　贷:银行存款　　　　　　　　　　　47 950 600
　　　持有至到期投资——利息调整　　2 049 400(50 000 000 - 47 950 600)
(2)2016年应确认投资收益 = 4 795.06 × 7% = 335.65(万元)。
借:应收利息　　　　　　　　　　　3 000 000(50 000 000 × 6%)
　　持有至到期投资——利息调整　　　35 650 000
　　贷:投资收益　　　　　　　　　　335 650 000
借:银行存款　　　　　　　　　　　3 000 000
　　贷:应收利息　　　　　　　　　　3 000 000
(3)2016年12月31日摊余成本 = 4 795.06 + 35.65 = 4 830.71(万元);2016年12月31日未来现金流量现值 = 200 × (P/A,7%,4) + 5 000 × (P/S,7%,4) = 200 × 3.387 2 + 5 000 × 0.762 9 = 4 491.94(万元)。

未来现金流量现值小于2016年12月31日摊余成本,所以应计提减值准备;应计提减值准备 = 4 830.71 - 4 491.94 = 338.77(万元)。

借:资产减值损失　　　　　　　　　3 387 700
　　贷:持有至到期投资减值准备　　　3 387 700
注:持有至到期投资确认减值时,按照原实际利率折现确定未来现金流量现值。
(4)甲公司应将购入丙公司股票划分为可供出售金融资产。
理由:持有丙公司限售股权对丙公司不具有控制、共同控制或重大影响,且甲公司取得丙公司股票时没有将其指定为以公允价值计量且其变动计入当期损益的金融资产,也没有随时出售丙公司股票的计划,所以应将该限售股权划分为可供出售金融资产。
2016年12月31日确认所持有丙公司股票公允价值变动的会计分录:
借:可供出售金融资产——公允价值变动　　2 000 000
　　贷:其他综合收益　　　　　　　　　2 000 000(1 000 000 × 5 - 3 000 000)
(5)甲公司购入丁公司的股票应划分为交易性金融资产。
理由:有公允价值,对丁公司不具有控制、共同控制或重大影响,且甲公司管理层拟随时出售丁公司股票,所以应划分为交易性金融资产。
2016年因持有丁公司股票应确认的损益 = 200 × 4.2 - (920 - 200 ÷ 10 × 0.6) = -68(万元)。
2.(1)星宇公司将持有的甲公司股票,划分为可供出售金融资产核算的处理不正确。因为购入时准备随时出售,赚取差价,应该划分为交易性金融资产核算。更正分录如下:
借:交易性金融资产——成本　　　　7 500 000
　　投资收益　　　　　　　　　　　1 00 000

贷：可供出售金融资产——成本　　　　　　7 600 000
　借：其他综合收益　　　　　　　　　　　　2 600 000
　　　交易性金融资产——公允价值变动　　　2 700 000
　　贷：公允价值变动损益　　　　　　　　　2 700 000
　　　可供出售金融资产——公允价值变动　　2 600 000

(2)星宇公司将剩余乙公司债券重分类为可供出售金融资产的会计处理不正确。重分类日，按照该债券投资的公允价值作为可供出售金融资产的入账价值，与其账面价值的差额计入所有者权益。更正分录如下：

　借：投资收益　　　　　　　　　　　　　　3 500 000
　　贷：其他综合收益　　　　　　　　　　　3 500 000

(3)星宇公司将持有的丙公司认股权证划分为可供出售金融资产的处理不正确。因为认股权证属于衍生工具，所以不能划分为可供出售金融资产，应划分为交易性金融资产核算。更正分录如下：

　借：交易性金融资产——成本　　　　　　　3 000 000
　　贷：可供出售金融资产——成本　　　　　3 000 000
　借：公允价值变动损益　　　　　　　　　　　500 000
　　贷：其他综合收益　　　　　　　　　　　　500 000
　借：可供出售金融资产——允价值变动　　　　500 000
　　贷：交易性金融资产——公允价值变动　　　500 000

(4)星宇公司持有丁公司的股票划分为长期股权投资的处理不正确。对被投资方不具有控制、共同控制或重大影响，且公允价值能够可靠计量的股权投资应划分为金融资产，由于不准备近期出售，因此应该划分为可供出售金融资产核算。

更正分录如下：

　借：可供出售金融资产——成本　　　　　　3 600 000
　　　营业外收入　　　　　　　　　　　　　　400 000
　　贷：长期股权投资——成本　　　　　　　4 000 000

第六章

长期股权投资

一、单选题

1. A公司20×6年7月1日以一批价值600万元的存货取得B公司80%的股权,对B公司经营决策能够实施控制。B公司20×6年实现净利润500万元(均匀发生),所有者权益其他变动100万元。A公司适用的增值税税率为17%,A公司20×6年年末对B公司股权投资的账面价值为( )万元。

    A. 702   B. 600

    C. 1 500   D. 1 080

2. 晟悦公司于20×6年1月1日取得对联营企业30%股权,取得投资时被投资单位有一项固定资产公允价值为600万元,账面价值为200万元,固定资产的预计尚可使用年限为8年,净残值为零,按照直线法计提折旧。被投资单位20×6年度利润表中净利润为1 500万元。不考虑所得税和其他因素的影响,投资企业20×6年应确认的投资收益( )万元。

    A. 450   B. 435

    C. 432   D. 444

3. 对取得的长期股权投资采用权益法核算的情况,根据现行会计准则的规定,下列各项中会引起长期股权投资账面价值发生增减变动的是( )。

    A. 被投资企业接受现金捐赠时   B. 被投资企业提取盈余公积

    C. 被投资企业宣告分派现金股利   D. 被投资企业宣告分派股票股利

4. 甲公司20×2年1月1日以300万元取得乙公司70%的股权,对乙公司能够实施控制。当日乙公司可辨认净资产公允价值为3 100万元,账面价值为3 000万元,其差额由一项存货账面价值与公允价值不一致引起,该存货分别于20×3年和20×4年对外出售60%和40%。乙公司20×3年、20×4年分别实现净利润300万元、200万元。20×4年年末该项长期股权投资的可收回金额为280万元。假定不考虑其他因素,该项长期股权投资在20×4年年末应确认的减值金额为( )万元。

A.0 B.20
C.70 D.60

5.下列各项关于长期股权投资核算的表述中,正确的是(   )。

A.长期股权投资采用权益法核算下,被投资方宣告分配的现金股利,投资方应按照持股比例确认投资收益

B.长期股权投资采用成本法核算时被投资方宣告分配的现金股利,投资方应确认投资收益

C.期末长期股权投资账面价值大于可收回金额,不需要进行处理

D.处置长期股权投资时,应按照处置比例结转资本公积的金额至投资收益

6.企业处置长期股权投资时,下列表述中不正确的是(   )。

A.处置长期股权投资时,持有期间计提的减值准备也应一并结转

B.采用权益法核算的长期股权投资在处置股权后仍然采用权益法核算的,因被投资方除净损益、其他综合收益和利润分配以外的其他所有者权变动而确认的所有者权益,应当按比例结转入当期投资收益

C.处置长期股权投资,其账面价值与实际取得价款的差额,应当计入投资收益

D.处置长期股权投资,其账面价值与实际取得价款的差额,应当计入营业外收入

7.关于长期股权投资核算方法的转换,下列表述中不正确的是(   )。

A.因增加投资导致对被投资单位的影响能力由重大影响转为控制的,应按照权益法转为成本法的核算方法进行处理

B.因增加投资导致对被投资单位的影响能力由共同控制转为控制的,应按照权益法转为本法的核算方法进行处理

C.因处置投资导致对被投资单位的影响能力由控制转为具有重大影响的,应由成本法核算改为权益法核算

D.因处置投资导致对被投资单位的影响能力由控制转为与其他投资方一起实施共同的,处置前后均采用成本法核算

8.关于成本法与权益法的转换,下列说法中不正确的是(   )

A.原持有的对被投资单位不具有控制、共同控制或重大影响,在活跃市场中没有报价、公允价值不能可靠计量的长期股权投资,因追加投资导致持股比例上升能够对被投资单位施加重大影响或是实施共同控制的,应由成本法核算转为权益法

B.原持有的对被投资单位不具有控制、共同控制或重大影响,在活跃市场中没有报价、公允价值不能可靠计量的长期股权投资,因追加投资导致持股比例上升,能够对被投资单位施加控制的,应由成本法核算转为权益法

C.因处置投资导致对被投资单位的影响能力由控制转为具有重大影响的,应由成本法核算改为权益法核算

D. 因处置投资导致对被投资单位的影响能力由控制转为与其他投资方一起实施共同控制的,应由成本法核算改为权益法

9. 在成本法下,被投资单位宣告分派现金股利时,投资企业应按享有的部分计入(　　)科目。
A. "长期股权投资"　　　　　　B. "投资收益"
C. "资本公积"　　　　　　　　D. "营业外收入"

10. 甲公司20×3年5月1日以库存商品自丙公司手中换得乙公司80%股权,甲、乙、丙公司无关联方关系,库存商品的成本为600万元,公允价值为1 000万元,增值税税率为17%,消费税率为8%,该存货已提跌价准备为50万元,当天乙公司账面净资产为800万元,净资产的公允价值为1 200万元。则甲公司因该投资产生的损益额为(　　)万元。
A. 360　　　　　　　　　　　　B. 370
C. 80　　　　　　　　　　　　　D. 240

二、多选题

1. 在同一控制下的企业合并中,合并方取得的净资产账面价值与支付的合并对价账面价值(或发行股份面值总额)的差额,可能调整(　　)。
A. 利润分配——未分配利润　　B. 资本公积
C. 营业外收入　　　　　　　　D. 投资收益

2. 下列有关长期股权投资的表述中,不正确的有(　　)。
A. 长期股权投资在取得时,应按取得投资的公允价值入账
B. 企业合并取得长期股权投资而发行债券支付的手续费、佣金等应计入初始投资成本
C. 企业取得长期股权投资时,实际支付的价款中包含的已宣告但尚未发放的现金股利应计入初始投资成本
D. 投资企业在确认应享有被投资单位净损益的份额时,不需对被投资单位的账面净利润进行调整

3. 下列关于非同一控制下企业合并的表述中,正确的有(　　)。
A. 以权益性证券作为合并对价的,与发行有关的佣金、手续费等,应从所发行权益性证券的发行溢价收入中扣除,权益性证券的溢价收入不足冲减的,应冲减盈余公积和未分配利润
B. 非同一控制下企业合并过程中发生的审计、法律服务、评估咨询等中介费用,应于发生时计入当期损益
C. 以发行债券方式进行的企业合并,与发行有关的佣金、手续费等应计入债券的初始计量金额中,若是折价发行则增加折价金额;若是溢价发行则减少溢价金额
D. 合并成本小于享有被投资方可辨认净资产公允价值份额的差额,应计入营业外收入

4. 下列有关长期股权投资处置的说法中,正确的有(　　)。

A.采用成本法核算的长期股权投资,处置长期股权投资时,其账面价值与实际取得价款的差额,应当计入当期损益

B.采用权益法核算的长期股权投资,因被投资单位除净损益以外所有者权益的其他变动而计入所有者权益的,处置该项投资时应当将原计入所有者权益部分的金额按相应比例转入当期损益

C.采用成本法核算的长期股权投资,处置长期股权投资时,其账面价值与实际取得价款的差额,应当计入所有者权益

D.采用权益法核算的长期股权投资,因被投资单位除净损益以外所有者权益的其他变动而计入所有者权益的,处置该项投资时不应将原计入所有者权益的部分转入当期损益,应按其账面价值与实际取得价款的差额,计入当期损益

5.下列关于长期股权投资核算的表述中,正确的有( )。

A.增资条件下由成本法转为权益法,需要按权益法进行追溯调整

B.权益法下出现超额亏损时,投资企业确认的投资损失应以长期股权投资账面价值减记至零为限,除此之外的额外损失均账外备查登记

C.减资条件下由权益法转为成本法,需要按成本法进行追溯调整

D.减资条件下由成本法转为权益法,需要进行追溯调整,同时调整成本法期间被投资企业计入资本公积而应由投资方享有的份额

6.下列关于长期股权投资表述中符合会计准则规定的有( )。

A.增资条件下由成本法转为权益法,需要追溯调整,同时调整成本法期间被投资企业发生的其他权益变动投资方享有的份额

B.增资条件下由权益法转为成本法,不需要进行追溯调整,权益法下确认的相关资本公积应于处置时转入投资收益

C.减资条件下由权益法转为成本法,需要进行追溯调整,同时调整权益法下被投资企业由于资本公积变动投资方享有的份额

D.减资条件下由成本法转为权益法,需要进行追溯调整,其他原因导致被投资单位所有者权益变动中应享有的份额,在调整长期股权投资账面价值的同时,应当计入"资本公积——其他资本公积"

7.下列有关成本法与权益法转换的论述中,正确的有( )。

A.甲公司先持有乙公司股份的10%,后又买了20%的股份,达到了重大影响程度,属于成本法转权益法,应予追溯调整

B.甲公司先持有乙公司股份的40%,具有重大影响能力,后又购得15%的股份,从而达到对乙公司的控制,属于权益法转成本法,不予追溯调整

C.甲公司先持有乙公司40%的股份,具有重大影响能力,后卖掉了30%的乙公司股份,不再具有重大影响能力,属于权益法转成本法,不予追溯调整

55

D.甲公司先持有乙公司60%的股份,具有控制能力,后卖掉了40%的乙公司股份,对乙公司具有重大影响,属于成本法转权益法,应予追溯调整

8.下列有关长期股权投资权益法核算的会计论述中,正确的有(   )。

A.当投资方对被投资方影响程度达到重大影响或重大影响以上时,应采用权益法核算长期股权投资

B.因被投资方除净损益及其他综合收益以外的其他所有者权益变动造成的投资价值调整应列入"资本公积——其他资本公积",此项资本公积在投资处置时应转入投资收益

C.初始投资成本如果高于投资当日在被投资方拥有的可辨认净资产公允价值的份额,应作为投资损失,在以后期间转入各期损益

D.当被投资方的亏损使得投资方的账面价值减至零时,如果投资方拥有被投资方的长期债权,则应冲减此债权,如果依然不够冲抵,当投资方对被投资方承担连带亏损责任时,应贷记"预计负债"科目,否则将超额亏损列入备查簿中。等到将来被投资方实现盈余时,先冲备查簿中的超额亏损,再依次冲减"预计负债",恢复长期债权价值,最后追加投资价值

9.在权益法下,投资方不应计入投资收益的事项有(   )。

A.在持有期间收到现金股利

B.转让长期股权投资时取得的实际价款与其账面价值的差额

C.被投资方宣告分配现金股利

D.被投资方发放股票股利

10.长期股权投资采用权益法核算的,应当设置的明细科目有(   )。

A.成本   B.长期股权投资减值准备

C.损益调整   D.其他权益变动

11.下列长期股权投资中,应采用成本法核算的有(   )。

A.投资企业对子公司的长期股权投资

B.投资企业对合营企业的长期股权投资

C.投资企业对联营企业的长期股权投资

D.投资企业对被投资单位不具有控制、共同控制和重大影响,并且在活跃市场中没有报价、公允价值不能可靠计量的长期股权投资

12.下列投资中,应作为长期股权投资核算的有(   )。

A.对子公司的权益性投资

B.对联营企业和合营企业的权益性投资

C.对被投资单位不具有控制、共同控制和重大影响的权益性投资

D.投资方购买子公司的债券

三、判断题

1. 对于同一控制下的控股合并,合并方应以所取得的对方账面净资产份额作为长期股权投资成本。（　）

2. 企业以合并以外的其他方式取得的长期股权投资,作为对价而发行的债券涉及的佣金、手续费应计入长期股权投资的成本。（　）

3. 不具有控制、共同控制和重大影响,在活跃市场没有报价,公允价值不能可靠计量的股权投资应该按照《企业会计准则第8号——资产减值》的相关规定计提减值准备。（　）

4. 长期股权投资成本法与权益转换时都应进行相应的追溯调整。（　）

5. 权益法下确认投资收益时,投资企业与其联营企业或合营企业之间发生的未实现内部交易损益,无论顺流交易还是逆流交易产生的,只要不属于资产减值损失,则均应予以抵销。（　）

6. 采用权益法核算的长期股权投资的初始投资成本大于投资时应享有被投资单位可辨认净资产公允价值份额的,其差额不调整长期股权投资的初始投资成本。（　）

四、业务处理题

1. 红河公司 20×0~20×4 年发生如下业务：

（1）20×0 年 1 月 1 日以 400 万元投资于晟悦公司,从而拥有晟悦公司 40% 的股份,投资时晟悦公司可辨认净资产的公允价值为 1 100 万元。

（2）晟悦公司 20×0 年度实现净利润 200 万元,宣告分配现金股利 120 万元,当期晟悦公司由于持有的可供出售金融资产公允价值的变动计入其他综合收益的金额为 60 万元。

（3）20×1 年度晟悦公司亏损 40 万元。

（4）20×2 年度晟悦公司亏损 1 250 万元,此时红河公司账上仍应收晟悦公司的长期应收款 40 万元。

（5）20×3 年度晟悦公司盈利 1 400 万元,宣告并分配现金股利 1 000 万元。20×4 年红河公司将该长期股权投资的 50% 出售,出售取得价款 80 万元。

假定红河公司、晟悦公司适用的会计政策、会计期间均相同,投资时晟悦公司有关资产的、负债的公允价值与其账面价值也相同。

要求:做出每笔业务的会计处理与税务处理。

2. 晟悦股份有限公司(以下简称晟悦公司)20×1 年至 20×4 年有关投资业务的资料如下：

（1）20×1 年 12 月 1 日,晟悦公司与南海公司签订股权转让协议。该股权转让协议规定：晟悦公司收购南海公司持有汇鸿公司的部分股份,收购价格为 540 万元,收购后晟悦公司拥有汇鸿公司 30% 的股权。20×2 年 1 月 1 日,晟悦公司以银行存款支付收购股权价款 540 万元,并办理了相关的股权划转手续。

 20×2年1月1日,汇鸿公司股东权益总额为1 600万元,其中股本为800万元,资本公积为2 100万元,未分配利润为600万元(均为20×1年度实现的净利润)。假定20×2年1月1日,汇鸿公司可辨认净资产的公允价值也为1 600万元。取得投资时汇鸿公司各项资产的公允价值与账面价值的差额不具有重要性。

 (2)20×2年5月1日,汇鸿公司股东大会通过20×1年度利润分配方案。该分配方案如下:

 按实现净利润的10%提取法定盈余公积,分配现金股利400万元。20×2年6月5日,晟悦公司收到汇鸿公司分派的现金股利。

 (3)20×2年6月12日,汇鸿公司因长期股权投资业务核算确认其他综合收益160万元。

 (4)20×2年度,汇鸿公司实现净利润800万元。

 (5)20×3年5月4日,汇鸿公司股东大会通过20×2年度利润分配方案。该方案如下:按实现净利润的10%提取法定盈余公积,不分配现金股利。

 (6)20×3年度,汇鸿公司发生净亏损400万元。

 (7)20×3年12月31日,晟悦公司对汇鸿公司投资的预计可收回金额为544万元。

 (8)20×4年1月5日,晟悦公司将其持有的汇鸿公司股份全部对外转让,转让价款为500万元,相关的股权划转手续已办妥,转让价款已存入银行。假定晟悦公司在转让股份过程中没有发生相关税费。

要求:

(1)编制晟悦公司20×2年有关业务的会计分录,并做出账务处理。

(2)编制晟悦公司20×3年有关业务的会计分录,并做出账务处理。

(3)编制晟悦公司20×4年有关业务的会计分录,并做出账务处理。

参考答案

一、单选题

1. A 2. B 3. C 4. B 5. B 6. D 7. D 8. B 9. B 10. B

二、多选题

1. AB 2. ABCD 3. ABC 4. AB 5. AD 6. ABD 7. ABCD 8. BD 9. ACD 10. ACD 11. AD 12. AB

三、判断题

1. √ 2. × 3. × 4. × 5. √ 6. √

四、业务处理题

1.(1)借:长期股权投资——晟悦公司(投资成本)　　　　4 400 000
　　　　贷:银行存款　　　　　　　　　　　　　　　　　　4 000 000
　　　　　　营业外收入　　　　　　　　　　　　　　　　　　400 000

(2)借:长期股权投资——晟悦公司(损益调整)　　　800 000
　　　贷:投资收益　　　　　　　　　　　　　　　　800 000
　　借:应收股利——晟悦公司　　　　　　　　　　　480 000
　　　贷:长期股权投资——晟悦公司(损益调整)　　　480 000
　　借:长期股权投资——其他权益变动　　　　　　　240 000
　　　贷:其他综合收益　　　　　　　　　　　　　　240 000
此时,该长期股权投资的账面价值为440+80-48+24=496(万元)。
(3)借:投资收益　　　　　　　　　　　　　　　　　160 000
　　　贷:长期股权投资——晟悦公司(损益调整)　　　160 000
此时,该长期股权投资的账面价值496-16=480(万元)。
(4)借:投资收益　　　　　　　　　　　　　　　5 000 000
　　　贷:长期股权投资——晟悦公司(损益调整)　　4 800 000
　　　　　长期应收款——晟悦公司　　　　　　　　200 000
此时,该长期股权投资的账面价值为480-480=0(元)。
(5)借:应收股利——晟悦公司　　　　　　　　　4 000 000
　　　贷:长期股权投资——晟悦公司(损益调整)　　4 000 000
此时,该长期股权投资的账面价值为540-400=140(万元)。
(6)借:银行存款　　　　　　　　　　　　　　　　800 000
　　　贷:长期股权投资　　　　　　　　　　　　　700 000
　　　　　投资收益　　　　　　　　　　　　　　　100 000
除应将实际取得的价款与长期股权投资的账面价值进行结转、确认出售损益以外,还应该将原计入其他综合收益的部分24万元,按50%的比例转入当期损益。
　　借:其他综合收益　　　　　　　　　　　　　　120 000
　　　贷:投资收益　　　　　　　　　　　　　　　120 000

2.(1)编制晟悦公司20×2年有关业务的会计分录:
①20×2年1月1日:
借:长期股权投资　　　　　　　　　　　　　　5 400 000
　贷:银行存款　　　　　　　　　　　　　　　　5 400 000
晟悦公司初始投资成本540万元大于应享有汇鸿公司可辨认净资产公允价值的份额480万元(1 600×30%),晟悦公司不调整长期股权投资的初始投资成本。
②20×2年5月1日:
借:应收股利　　　　　　　　　　　　　　　1 200 000(4 000 000×30%)
　贷:长期股权投资　　　　　　　　　　　　　1 200 000

③ 20×2年6月5日：

借：银行存款 1 200 000
　　贷：应收股利 1 200 000

④ 20×2年6月12日：

借：长期股权投资 480 000（1 600 000×30%）
　　贷：其他综合收益 480 000

⑤ 20×2年12月31日：

借：长期股权投资 2 400 000（8 000 000×30%）
　　贷：投资收益 2 400 000

(2) 编制晟悦公司20×3年有关业务的会计分录。

① 20×3年5月4日：

不做会计处理

② 20×3年12月31日：

借：投资收益 1 200 00（4 000 000×30%）
　　贷：长期股权投资 1 200 000

此时，长期股权投资的账面余额 = 540 - 120 + 48 + 240 - 120 = 588（万元）。因可收回金额为544万元，所以应计提减值准备44万元。

③ 20×3年12月31日：

借：资产减值损失 440 000
　　贷：长期股权投资减值准备——汇鸿公司 440 000

(3) 编制晟悦公司20×4年有关业务的会计分录。

借：银行存款 5 000 000
　　长期股权投资减值准备——汇鸿公司 440 000
　　其他综合收益 480 000
　　贷：长期股权投资 5 880 000
　　　　投资收益 40 000

Chapter 7

固定资产

一、单选题

1. 下列各项中,不应计入自营工程成本的是( )。
   A. 辅助生产部门为工程提供的水、电等劳务支出
   B. 工程领用库存商品的销项税额
   C. 建设期间发生的工程物资盘亏
   D. 工程完工后发生的工程物资盘亏

2. 晟悦公司为增值税一般纳税人,于20×5年12月1日购进一台不需要安装的生产设备,收到的增值税专用发票上注明的设备价款为1 000万元,增值税额为170万元,款项已付;另支付保险费5万元,装卸费1万元。当日,该设备投入使用。假定不考虑其他因素,该设备的初始入账价值为( )万元。
   A. 1 000 B. 1 006
   C. 1 170 D. 1 176

3. 下列各项固定资产中,应计提折旧的是( )。
   A. 未提足折旧提前报废的设备 B. 未使用的设备
   C. 已提足折旧继续使用的设备 D. 经营租入的设备

4. 下列各项固定资产中,不应计提折旧的是( )。
   A. 未提足折旧提前报废的设备 B. 未使用的固定资产
   C. 季节性停用的固定资产 D. 大修理期间停用的固定资产

5. 晟悦公司系一般纳税企业,增值税税率为17%。20×5年12月18日自行安装生产经营用设备一台,购入的设备价款为1 000万元,进项税额为170万元;领用生产用原材料的成本为6万元;支付职工薪酬10万元;支付其他费用184万元。20×5年12月16日设备安装完工投入使用。假定不考虑其他因素,该设备的初始入账价值为( )万元。
   A. 1 006 B. 1 016

C. 1 100　　　　　　　　　　　　　D. 1 200

6.晟悦公司为增值税一般纳税人,适用的增值税税率为17%。该公司于20×5年12月1日对某生产经营用设备进行技术改造。20×5年12月1日该固定资产的账面原价为10 000万元,已计提折旧为6 000万元,未计提减值准备。该固定资产领用生产用原材料1 000万元,发生人工费用380万元,购入工程用物资2 420万元,进项税额为411.4万元。该技术改造工程于20×5年12月25日达到预定可使用状态并交付生产使用。假定不考虑其他因素,甲公司该设备改造后的入账价值为(　　)万元。

　A.7 800　　　　　　　　　　　　　B.10 000
　C.11 000　　　　　　　　　　　　　D.1 420

7.晟悦公司20×5年12月2日购入生产经营用设备一台,取得的增值税专用发票上注明的设备买价为360万元,增值税额为61.2万元,支付的运输费为1.2万元,支付安装费用20万元,为达到正常运转发生测试费30万元,外聘专业人员服务费12万元,12月30日达到预定可使用状态并交付生产使用。假定不考虑其他因素,该设备改造后的入账价值为(　　)万元。

　A.360　　　　　　　　　　　　　　B.380
　C.423　　　　　　　　　　　　　　D.410

8.晟悦公司20×2年12月购买设备一台,购买价款为16 000万元(假定不考虑购买过程中的增值税),运杂费为1 280万元,预计净残值为1 000万元,预计使用年限为5年,采用双倍余额递减法计提折旧。20×5年末晟悦公司因自然灾害报废该设备,残料变价收入为10 000万元,则该固定资产的清理净收益为(　　)万元。

　A.3 400　　　　　　　　　　　　　B.4 896
　C.6 267.52　　　　　　　　　　　　D.5 680

9.20×5年12月1日,晟悦公司决定对现有生产线进行改扩建,以提高其生产能力。原值为4 800万元,已计提折旧800万元。经过3个月的改扩建,完成了对这条生产线的改扩建工程,共发生支出2 400万元,符合固定资产确认条件。被更换的部件的原价为400万元,被更换的部件的折旧为100万元,取得变价收入200万元尚未收到。则对该项生产线进行改扩建时,不正确的会计处理是(　　)。

　A.固定资产的账面价值转入在建工程的金额为4 000万元
　B.改扩建支出2 400万元计入在建工程
　C.被更换的部件的账面价值300万元冲减在建工程成本
　D.改扩建后固定资产的原值为6 400万元

10.下列会计处理方法中不正确的是(　　)。
　A.任何企业固定资产成本均应预计弃置费用
　B.一般企业固定资产的报废清理费,应在实际发生时作为固定资产清理费用处理,不属

于固定资产准则规范的弃置费用

C.对于构成固定资产的各组成部分,如果各自具有不同的使用寿命或者以不同的方式为企业提供经济利益,企业应将各组成部分单独确认为固定资产,并且用不同的折旧率或者折旧方法计提折旧

D.固定资产的日常修理费用,通常不符合固定资产确认条件,应当在发生时并入管理费用

二、多选题

1.购入固定资产的入账价值包括( )。
A.买价 B.运输费用
C.包装费用 D.增值税
E.安装费用

2.下列各项中属于固定资产应计提折旧的有( )。
A.不需要的房屋与建筑物
B.在用的机器设备
C.未提足折旧提前报废的固定资产
D.以经营租赁方式租入的固定资产
E.季节性停用的固定资产

3.下列各项中属于固定资产不计提折旧的有( )。
A.已全额计提减值准备的固定资产
B.大修理停用的固定资产
C.已提足折旧继续使用的固定资产
E.当月减少的原在用的固定资产

4.下列各项中属于加速折旧法的有( )。
A.年限平均 B.工作量
C.双倍余额递减法 D.年数总和法
E.账面价值与可收回金额孰低法

5.下列应计入"固定资产清理"账户借方的有( )。
A.盘亏固定资产的净值 B.报废固定资产发生的清理费用
C.报废固定资产的净值 D.结转固定资产清理净损失
E.出售固定资产取得的收入

6.按固定资产的使用情况,可将固定资产划分为( )。
A.使用中固定资产 B.未使用固定资产
C.不需用固定资产 D.出租固定资产

E. 改建、扩建固定资产

7. 固定资产可选择的计量属性有( )。
   A. 原始价值   B. 重置完全价值
   C. 净值   D. 公允价值
   E. 现值

8. 影响固定资产折旧的因素主要有( )。
   A. 固定资产原值   B. 预计净残值
   C. 固定资产减值准备   D. 固定资产的使用寿命
   E. 固定资产的所有权

9. 固定资产的特征有( )。
   A. 为生产商品、提供劳务、出租或经营管理而持有
   B. 使用寿命超过一个会计年度
   C. 固定资产是有形资产
   D. 固定资产的成本能够可靠地计量
   E. 与该固定资产有关的经济利益很可能流入企业

10. 按照经济用途可以将固定资产分为( )。
    A. 经营用固定资产   B. 融资租入固定资产
    C. 非经营用固定资产   D. 未使用固定资产
    E. 不需要固定资产

11. 下列固定资产应计提折旧的有( )。
    A. 融资租入的固定资产
    B. 按规定单独估价作为固定资产入账的土地
    C. 大修理停用的固定资产
    D. 持有待售的固定资产
    E. 未使用的机器设备、房屋及建筑物

12. 下列有关固定资产的核算,说法正确的有( )。
    A. 企业对固定资产进行定期检查发生的大修理费用,有确凿证据表明符合固定资产确认条件的部分,可以计入固定资产成本
    B. 持有待售的固定资产不计提折旧,按照账面价值与公允价值减去处置费用后的净额孰低进行计量
    C. 建设期间发生的工程物资盘亏、报废及毁损净损失,借记"在建工程"科目,贷记"工程物资"科目,盘盈的工程物资或处置净收益,做相反的会计分录
    D. 自营工程领用本企业自产产品(商品),如用于建造建筑物等不动产,按视同销售处理,即按领用的商品成本及相关税费之和借记"在建工程"科目,按商品成本贷记"库存商品"科

目,按领用的商品售价或计税价格得到的应纳增值税,贷记"应交税费——应交增值税(销项税额)"科目等

E. 在建工程进行负荷联合试车形成的产品或副产品对外销售或转为库存商品的,借记"银行存款""库存商品"等科目,贷记"在建工程"科目

13. 计提固定资产折旧应借记的会计科目有(　　)。

A. 在建工程　　　　　　　　　B. 销售费用
C. 管理费用　　　　　　　　　D. 其他业务成本
E. 研发支出

14. 下列会计处理方法中正确的有(　　)。

A. 已达到预定可使用状态的固定资产,无论是否交付使用,尚未办理竣工决算的,应当按照估计价值确认为固定资产,并计提折旧;待办理了竣工决算手续后,再按实际成本调整原来的暂估价值,同时调整原已计提的折旧额

B. 处于更新改造过程而停止使用的固定资产,符合固定资产确认条件的,应当转入在建工程,停止计提折旧

C. 一般纳税人企业购入工程所需的设备物资,按所支付的价款、包装费、运杂费等,通过"工程物资"科目核算。若工程物资是用于建筑物等不动产,增值税进项税额不能抵扣计入工程物资的成本

D. 固定资产发生的更新改造支出等,符合固定资产确认条件的,应当计入固定资产成本,同时将被替换部分的账面价值扣除

E. 企业融资租入的固定资产,在租赁期开始日,按租赁期开始日租赁资产公允价值与最低租赁付款额现值两者中较低者,加上初始直接费用,计入固定资产成本

15. 固定资产按所有权可分为(　　)。

A. 使用中固定资产　　　　　　B. 未使用固定资产
C. 不需用固定资产　　　　　　D. 自有固定资产
E. 租入固定资产

三、判断题

1. 固定资产不同的折旧方法会改变固定资产应计提的折旧总额。　　　　　(　　)
2. 融资租入的固定资产,在租赁费付清之前,所有权不属于企业,所以不需要计提折旧。
　　　　　　　　　　　　　　　　　　　　　　　　　　　　　　　　　(　　)
3. 企业出售固定资产所取得的收入应作为其他业务收入进行处理。　　　　(　　)
4. 固定资产都是不动产。　　　　　　　　　　　　　　　　　　　　　　(　　)
5. 只要具备固定资产的特征就属于企业的固定资产。　　　　　　　　　　(　　)
6. 单独计价入账的土地不需要计提折旧。　　　　　　　　　　　　　　　(　　)

7. 因进行大修理而停用的固定资产不需要计提折旧。 （   ）
8. 对于盘盈的固定资产,应通过"固定资产清理"科目核算。 （   ）
9. 企业通过捐赠取得的固定资产,应按公允价值确定其入账价值。 （   ）
10. 固定资产后续支出均应当计入固定资产的成本。 （   ）

四、业务处理题

1. 晟悦公司不需要安装的生产用设备一台,增值税专用发票上注明价款 400 000 元,增值税税额为 68 000 元,支付运输费 40 000 元。已取得增值税合法抵扣凭证,款项均以银行存款支付。要求:编制相关会计分录。

2. 晟悦公司购入一台需要安装的设备,增值税专用发票上注明的设备买价为 400 000 元,增值税额为 68 000 元,支付运输费 20 000 元,支付安装费 60 000 元,款项均以银行存款支付。要求：编制相关会计分录。

3. 晟悦公司向乙公司一次购进了三台不同型号且具有不同生产能力的设备 A、B、C,共支付款项 300 000 000 元,增值税税额为 51 000 000 元,包装费 2 250 000 元,全部以银行存款转账支付。假定设备 A、B、C 均满足固定资产的定义及确认条件,公允价值分别为 135 000 000 元、115 500 000 元、49 500 000 元,不考虑其他相关税费。要求:编制相关会计分录。

4. 晟悦公司自行建造一大型器械,为工程购入各种专用物资 300 000 元,支付增值税税额 51 000 元,专用物资于当期全部用于机器设备类工程建设,工程已竣工交付使用,分配工程人员工资 360 000 元。要求:编制相关会计分录。

5. 晟悦公司将一幢厂房的建造工程出包给丙公司承建,按合理估计的发包工程进度和合同规定,工程开工时向丙公司预付工程款 640 000 元,工程完工后,收到丙公司有关工程结算单据,补付工程款 520 000 元,工程完工并达到预定的可使用状态。要求:编制相关会计分录。

6. 晟悦公司用银行存款购入一台需要安装的设备,取得的增值税专用发票上注明的设备价款为 300 000 元,增值税进项税额为 51 000 元,支付装运费 4 000 元,款项已通过银行支付;安装设备时,领用本公司原材料一批,其成本为 25 000 元,购进该批原材料时支付的增值税进项税额 4 250 元,应支付安装工人的工资 5 000 元。要求:编制相关会计分录。

7. 晟悦公司自建办公大楼一幢,通过出让方式取得的土地使用权而支付的土地出让金 6 000 000 元,购入为工程准备的各种物资 6 400 000 元,包括支付的增值税税额为 1 080 000 元,全部用于工程建设。领用本企业生产的产品一批,实际成本为 720 000 元,税务部门确定的计税价格为 840 000 元,增值税税率为 17%;应计发人员工资 500 000 元;辅助生产部门为工程提供水、电等劳务支出共计 150 000 元。工程完工并达到预定可使用状态。要求:编制相关会计分录。

8. 晟悦公司将一幢仓库的建造工程出包给乙建筑公司承建,合同总造价为 2 480 000 元,按合同规定工程开工前向乙公司支付 30% 工程款,其余工程款于工程完工验收合格结算时补付。该工程完工办理工程结算,收到乙建筑公司有结算单据,结清70%工程款。要求:编制相关分录。

9. 晟悦公司收到投资者投入机器设备一套,经双方商定,其价值确认为1 560 000元。按协议可折换成每股面值为1元、数量为1 000 000股股票的股权。要求:编制收到设备时的会计分录。

10. 晟悦公司接受一台专用设备的捐赠,捐赠者提供的有关凭据上标明的价格为187 200元。要求:编制收到设备时的会计分录。

11. 晟悦公司因生产的产品市场销路好,原有的生产设备难以满足生产发展的需要,公司决定对现有设备进行技术改造,以提高生产能力,同时预计还可以延长设备的使用寿命。该设备原价为1 530 000元,预计净残值率为3%,预计使用寿命6年;已使用2年。采用年限平均法,已计提折旧494 700元,未计提固定资产减值准备。在技术改造过程中,共发生技术改造工程支出426 000元,均通过银行存款支付。该设备拆除部分的残料作价4 000元并验收入库。该设备技术改造工程达到预定可使用状态后生产能力大大提高,预计延长设备使用寿命3年,即为9年。假定技术改造后的设备预计净残值率为3%,折旧方法仍采用年限平均法计提折旧。要求:编制相关会计分录。

12. 晟悦公司有一栋厂房,原价4 000 000元,预计可使用20年,预计净残值率为4%。要求:采用年限平均法计算该厂房的折旧率和月折旧额。

13. 晟悦公司有一辆运货货车,原价1 200 000元,预计总行驶里程为500 000千米,预计净残值率为5%,本月行驶4 000千米。要求:采用工作量法计算该辆汽车的月折旧额。

14. 晟悦公司一项固定资产的原价为2 000 000元,预计使用年限为5年,预计净残值为100 000元。要求:采用双倍余额递减法计算每年的折旧额。

15. 晟悦公司一项固定资产的原价为90 000元,预计使用年限为5年,预计净残值为9 000元。要求:采用年数总和法计算每年的折旧额。

16. 晟悦公司一条生产线原价960 000元,预计净残值率4%,预计使用6年,已使用了2年,采用年限平均法计提折旧。因生产需要,20×5年1月2日决定对该生产线进行改扩建,历时3个月共发生改扩建支出240 000元,全部以银行存款支付,20×5年3月31日改扩建完成。该生产线改扩建达到预定可使用状态后,大大提高了生产能力,预计尚可使用7年10个月,预计其可收回金额为900 000元。假定改扩建后的生产线预计净残值率为3%,折旧方法不变。不考虑其他税费。要求:编制相关会计分录。

17. 20×5年6月1日晟悦公司对一台设备进行日常修理,修理过程中发生的材料费600 000元。应支付的维修人员工资为60 000元。要求:编制相关会计分录。

18. 晟悦出售一台使用过的设备,原价为468 000元(含增值税),购入时间为20×2年2月,假定20×5年2月出售(该设备恰好使用3年),折旧年限为10年,采用直线法折旧,不考虑残值,若20×5年将该设备出售时的价格为421 200元(含增值税),该设备适用17%的增值税税率。要求:编制相关会计分录。

19. 20×5 年晟悦公司在财产清查中,发现一台账外设备,同类设备的市场价格为 1 000 000 元,估计八成新(假定与其计税基础不存在差异)。假定公司适用的所得税税率为 33%,按净利润的计提法定盈余公积。要求:编制相关会计分录。

20. 20×5 年 12 月晟悦公司在财产清查中发现短缺设备一台,其账面原价为 160 000 元。计提已折旧 57 600 元,已提减值准备 3 200 元。要求:编制相关会计分录。

21. 20×2 年 1 月 1 日晟悦公司从甲公司购入一台机器作为生产车间固定资产使用,该机器已收到,购货合同约定,该机器的总价款为 6 000 万元,分 3 年支付价款,20×2 年 12 月 31 日支付 3 000 万元。20×3 年 12 月 31 日支付 1 800 万元,20×4 年 12 月 31 日支付 1 200 万元。20×2 年 1 月 1 日将该机器设备投入安装,支付安装费用 400 万元。20×2 年 12 月 31 日,安装工程达到预定可使用状态交付生产车间使用,支付测试费 233.90 万元,以银行存款支付。采用直线法计提固定资产折旧,预计使用年限为 10 年,净残值为 0 元。假定按年于年末计提折旧。20×4 年 6 月 30 日该机器设备发生日常修理费用 20 万元,以银行存款支付,假定晟悦公司 3 年期银行借款年利率为 6%。不考虑购买过程中的增值税(1 年期 6% 的复利现值系数为 0.943 4,2 年期 6% 的复利现值系数为 0.890 0,3 年期 6% 的复利现值系数为 0.839 6)。要求:编制相关会计分录。

五、案例分析题

晟悦公司发生下列固定资产业务:

(1)为了扩大生产规模,在 20×5 年年初接受大华公司的投资,经双方协商后,大华公司似投资一套进口设备,协议价为 360 万元,但是市场公允价值为 480 万元。

(2)晟悦公司对第一车间生产用机器设备采用年限平均法计提折旧,每月计提的折旧额为 18 000 元。由于产品销售进入淡季,产品数量减少,为了减少本期的生产费用,改用工作量法提取折旧,本月计提折旧额 8 000 元。

(3)晟悦公司有一处厂房长期闲置,因年久失修而无法使用。该厂房预计使用年限是 50 年,截至目前只使用了 38 年,晟悦公司对该厂房使用直线法计提折旧,年折旧额为 20 万元,今年新来的会计小王认为,该厂房已经无法使用,不能为公司创造收入,因此,根据配比原则,不应该对该厂房计提折旧。

思考题:

(1)晟悦公司应如何确定大华公司投入的设备的入账价值?其依据是什么?
(2)晟悦公司对第一车间生产用机器设备折旧方法的变更处理是否正确?为什么?
(3)你认为会计小王对闲置厂房折旧问题的看法是否正确?为什么?

参考答案

一、单选题

1. D 2. B 3. B 4. A 5. D 6. A 7. C 8. C 9. D 10. A

二、多选题

1. ABCE 2. ABE 3. ACD 4. CD 5. BC 6. ABC 7. ABC 8. ABCD 9. ABC 10. AC 11. ACE 12. ABCDE 13. ABCDE 14. BCDE 15. DE

三、判断题

1. × 2. × 3. × 4. × 5. × 6. √ 7. × 8. × 9. × 10. ×

四、业务处理题

1. 晟悦公司应做如下账务处理：

(1) 计算应抵扣的固定资产进项税额 68 000 + 40 000 × 7% = 70 800(元)

(2) 编制购入固定资产的会计分录：

借：固定资产　　　　　　　　　　　　　437 200
　　应交税费——应交增值税(进项税额)　70 800
　　贷：银行存款　　　　　　　　　　　　　508 000

2. 晟悦公司账务处理如下：

(1) 购入设备时：

借：在建工程　　　　　　　　　　　　　418 600
　　应交税费——应交增值税(进项税额)　69 400
　　贷：银行存款　　　　　　　　　　　　　488 000

(2) 支付安装费时：

借：在建工程　　　　　　　　　　　　　60 000
　　贷：银行存款　　　　　　　　　　　　　60 000

(3) 设备安装完毕交付使用时：

借：固定资产　　　　　　　　　　　　　478 600
　　贷：在建工程　　　　　　　　　　　　　478 600

3. 晟悦公司的账务处理如下：

(1) 确定应计入固定资产成本的金额，包括购买价款、包装费，即：

300 000 000 + 2 250 000 = 302 250 000(元)

(2) 确定设备 A、B、C 的价值分配比例：

A：135 000 000 ÷ (135 000 000 + 115 500 000 + 49 500 000) × 100% = 45%

B：115 500 000 ÷ (135 000 000 + 115 500 000 + 49 500 000) × 100% = 38.5%

C：49 500 000 ÷ (135 000 000 + 115 500 000 + 49 500 000) × 100% = 16.5%

(3)确定设备 A、B、C 各自的成本：
A：302 250 000×45% = 136 012 500（元）
B：302 250 000×38.5% = 116 366 250（元）
C：302 250 000×16.5% = 49 871 250（元）
(4)晟悦公司应编制如下会计分录：
借：固定资产——A 设备　　　　　　　　　　136 012 500
　　　　　　——B 设备　　　　　　　　　　116 366 250
　　　　　　——C 设备　　　　　　　　　　49 871 250
　　应交税费——应交增值税(进项税额)　　　51 000 000
　　贷：银行存款　　　　　　　　　　　　　353 250 000

4.(1)购入工程物资时：
借：工程物资　　　　　　　　　　　　　　　300 000
　　应交税费——应交增值税(进项税额)　　　51 000
　　贷：银行存款　　　　　　　　　　　　　351 000
(2)领用工程物资时：
借：在建工程　　　　　　　　　　　　　　　300 000
　　贷：工程物资　　　　　　　　　　　　　30 000
(3)分配工程人员工资：
借：在建工程　　　　　　　　　　　　　　　360 000
　　贷：应付职工薪酬　　　　　　　　　　　360 000
(4)工程竣工交付使用时：
借：固定资产　　　　　　　　　　　　　　　660 000
　　贷：在建工程　　　　　　　　　　　　　660 000

5.(1)按合理估计的发包工程进度和合同规定向丙公司预付工程款时：
借：在建工程　　　　　　　　　　　　　　　640 000
　　贷：银行存款　　　　　　　　　　　　　640 000
(2)补付工程款时：
借：在建工程　　　　　　　　　　　　　　　520 000
　　贷：银行存款　　　　　　　　　　　　　520 000
(3)工程完工并达到预定可使用状态时：
借：固定资产　　　　　　　　　　　　　　　1 160 000
　　贷：在建工程　　　　　　　　　　　　　1 160 000

6.(1)购入设备支付设备价款、增值税、运输费合计为 355 000 元。
借：在建工程　　　　　　　　　　　　　　　304 000

应交税费——应交增值税(进项税额)　　　　51 000
　　　贷:银行存款　　　　　　　　　　　　　　355 000
(2)进行安装,领用本公司原材料、应支付安装工人的工资30 000元。
　　借:在建工程　　　　　　　　　　　　　　　30 000
　　　贷:原材料　　　　　　　　　　　　　　　25 000
　　　　应付职工薪酬　　　　　　　　　　　　　5 000
(3)设备安装完毕达到预定可使用状态:
　　借:固定资产　　　　　　　　　　　　　　334 000
　　　贷:在建工程　　　　　　　　　　　　　334 000
固定资产的成本 = 304 000 + 30 000 = 334 000(元)
7.(1)通过出让方式取得的土地使用权而支付的土地出让金时:
　　借:无形资产——土地使用权　　　　　　6 000 000
　　　贷:银行存款　　　　　　　　　　　　6 000 000
(2)购入工程物资时:
　　借:工程物资　　　　　　　　　　　　　6 400 000
　　　贷:银行存款　　　　　　　　　　　　6 400 000
(3)工程领用工程物资时:
　　借:在建工程　　　　　　　　　　　　　6 400 000
　　　贷:工程物资　　　　　　　　　　　　6 400 000
(4)工程领用本企业生产的产品,确定应计入在建工程成本的金额为:
720 000 + 840 000 × 17% = 862 800(元)
　　借:在建工程　　　　　　　　　　　　　　862 800
　　　贷:库存商品　　　　　　　　　　　　　720 000
　　　　应交税费——应交增值税(销项税额)　142 800
(5)应由工程负担的工程人员工资时:
　　借:在建工程　　　　　　　　　　　　　　500 000
　　　贷:应付职工薪酬　　　　　　　　　　　500 000
(6)结转应由工程负担的水电费时:
　　借:在建工程　　　　　　　　　　　　　　150 000
　　　贷:生产成本　　　　　　　　　　　　　150 000
(7)工程完工并达到预定可使用状态,计算并结转工程成本:
完工转入固定资产成本为:6 400 000 + 862 800 + 500 000 + 150 000 = 7 912 800(元)
　　借:固定资产　　　　　　　　　　　　　7 912 800
　　　贷:在建工程　　　　　　　　　　　　7 912 800

8.(1)按合同规定向乙建筑公司预付 30% 工程款 744 000 元。

借:在建工程　　　　　　　　　　　　744 000
　　贷:银行存款　　　　　　　　　　　　744 000

(2)工程完工验收合格结清工程款 868 000 元。

借:在建工程　　　　　　　　　　　　1 736 000
　　贷:银行存款　　　　　　　　　　　　1 736 000

(3)工程交付使用,计算并结转工程成本。

借:固定资产　　　　　　　　　　　　2 480 000
　　贷:在建工程　　　　　　　　　　　　2 480 000

9.借:固定资产　　　　　　　　　　　　1 560 000
　　贷:股本——资本公积　　　　　　　　1 560 000

10.借:固定资产　　　　　　　　　　　　187 200
　　贷:营业外收入——捐赠利得　　　　　187 200

11.(1)设备转入技术改造工程,注销固定资产原价。

借:在建工程　　　　　　　　　　　　1 035 000
　　累计折旧　　　　　　　　　　　　　494 700
　　贷:固定资产　　　　　　　　　　　　1 530 000

(2)支付技术改造工程支出。

借:在建工程　　　　　　　　　　　　426 000
　　贷:银行存款　　　　　　　　　　　　426 000

(3)残料作价入库,冲减工程成本。

借:原材料　　　　　　　　　　　　　4 000
　　贷:在建工程　　　　　　　　　　　　4 000

(4)工程完工,固定资产已达到使用状态。

重新确定的固定资产成本 = 1 035 300 + 426 000 - 4 000 = 1 457 300(元)

借:固定资产　　　　　　　　　　　　1 457 300
　　贷:在建工程　　　　　　　　　　　　1 457 300

转为固定资产后,按重新确定固定资产原价、使用寿命、预计净残值和折旧方法计提折旧。

12. 年折旧率 = (1 - 4%) ÷ 20 × 100% = 4.8%

月折旧率 = 4.8% ÷ 12 = 0.4%

月折旧额 = 4 000 000 × 0.4% = 16 000(元)

13. 单位里程折旧额 = [1 200 000 × (1 - 5%)] ÷ 500 000 = 2.28(元/千米)

本月折旧额 = 4 000 × 2.28 = 9 120(元)

14. 年折旧率 = 2 × (1/5) × 100% = 40%

第 1 年应计提的折旧额 = 2 000 000 × 40% = 800 000（元）

第 2 年应计提的折旧额 = (2 000 000 - 800 000) × 40% = 480 000（元）

第 3 年应计提的折旧额 = (2 000 000 - 800 000 - 480 000) × 40% = 288 000（元）

从第 4 年起改用年限平均法（直线法）计提折旧，即：

第 4 年、第 5 年应计提的折旧额 = [(2 000 000 - 800 000 - 480 000 - 288 000) - 100 000] ÷ 2 = 166 000（元）

15.　　元

	尚可使用年限	原价 - 净残值	变动折旧率	年折旧额	累计折旧
第 1 年	5	81 000	5/15	27 000	27 000
第 2 年	4	81 000	4/15	21 600	48 600
第 3 年	3	81 000	3/15	16 200	64 800
第 4 年	2	81 000	2/15	10 800	75 600
第 5 年	1	81 000	1/15	5 400	81 000

16. (1) 20×5 年 1 月 2 日，生产线转入改扩建时：

该生产线已计提折旧额 = [960 000 × (1 - 4%)] ÷ 6 × 2 = 307 200（元）

借：在建工程　　　　　　　　　　652 800
　　累计折旧　　　　　　　　　　307 200
　贷：固定资产　　　　　　　　　　　　960 000

(2) 20×5 年 1 月 2 日至 3 月 31 日，发生改扩建支出时：

借：在建工程　　　　　　　　　　240 000
　贷：银行存款　　　　　　　　　　　　240 000

(3) 20×5 年 3 月 31 日，改扩建工程达到预定可使用状态时：

借：固定资产——新丰产线　　　　892 800
　贷：在建工程　　　　　　　　　　　　892 800

17. 借：管理费用　　　　　　　　　660 000
　　贷：原材料　　　　　　　　　　　　600 000
　　　　应付职工薪酬　　　　　　　　　60 000

18. 由于设备购入时间为 20×2 年 2 月，则购入的增值税已计入"应交税费——应交增值税（进项税额）"，20×5 年晟悦公司出售该设备时的会计处理如下：

(1) 将固定资产转入清理：

固定资产原价 = 468 000/(1 + 17%) = 400 000（元）

3 年累积计提折旧 = (400 000/10) × 3 = 120 000（元）

20×5年出售时应缴纳增值税=［421 200÷（1+17%）］×17%=61 200（元）

借：固定资产清理　　　　　　　　　　280 000
　　累计折旧　　　　　　　　　　　　120 000
　　贷：固定资产　　　　　　　　　　　　400 000

（2）收回出售固定资产的价款：
借：银行存款　　　　　　　　　　　　421 200
　　贷：固定资产清理　　　　　　　　　　360 000
　　　　应交税费——应交增值税（销项税额）　61 200

（3）结转出售固定资产实现的利得：
借：固定资产清理　　　　　　　　　　 80 000
　　贷：营业外收入　　　　　　　　　　　 80 000

19.（1）盘盈固定资产：
借：固定资产　　　　　　　　　　　　800 000
　　贷：以前年度损益调整　　　　　　　　800 000

（2）确定应缴纳的所得税：
借：以前年度损益调整　　　　　　　　264 000
　　贷：应交税费——应交所得税　　　　　264 000

（3）结转法定盈余公积：
借：以前年度损益调整　　　　　　　　 53 600
　　贷：盈余公积　　　　　　　　　　　　 53 600

（4）结转以前年度损益调整：
借：以前年度损益调整　　　　　　　　482 400
　　贷：利润分配——未分配利润　　　　　482 400

20.（1）盘亏固定资产时：
借：待处理财产损溢　　　　　　　　　 99 200
　　累计折旧　　　　　　　　　　　　 57 600
　　固定资产减值准备　　　　　　　　　 3 200
　　贷：固定资产　　　　　　　　　　　　160 000

（2）报经批准转销时：
借：营业外支出——盘亏损失　　　　　 99 200
　　贷：待处理财产损溢　　　　　　　　　 99 200

21.（1）该机器总价款的现值=30 000 000×（P/F,6%,1）+18 000 000×（P/F,6%,2）+12 000 000×（P/F,6%,3）=30 000 000×0.943 4+18 000 000×0.890 0+12 000 000×0.839 6=54 397 200（万元）

未确认融资费用 = 60 000 000 − 54 397 200 = 5 602 800（万元）
借：在建工程　　　　　　　　　　　　　　　54 397 200
　　未确认融资费用　　　　　　　　　　　　 5 602 800
　　贷：长期应付款　　　　　　　　　　　　60 000 000

(2) 20×2年1月1日将该机器设备投入安装，支付安装费用400万元。
借：在建工程　　　　　　　　　　　　　　　 4 000 000
　　贷：银行存款　　　　　　　　　　　　　 4 000 000

(3) 支付为达到正常运转发生测试费233.90万元。
借：在建工程　　　　　　　　　　　　　　　 2 339 000
　　贷：银行存款　　　　　　　　　　　　　 2 339 000
借：在建工程　　　　　　　　　　　　　　　 3 263 832
　　(60 000 000 − 5 602 800) × 6%
　　贷：未确认融资费用　　　　　　　　　　 3 263 832
借：固定资产　　　　　　　　　　　　　　　64 000 032
　　(54 397 200 + 4 000 000 + 2 339 000 + 3 263 832)
　　贷：在建工程　　　　　　　　　　　　　64 000 032
借：长期应付款　　　　　　　　　　　　　　30 000 000
　　贷：银行存款　　　　　　　　　　　　　30 000 000

(4) 20×3年12月31日支付设备价款。
借：财务费用　　　　　　　　　　　　　　　 1 659 661.92
　　[(60 000 000 − 30 000 000) − (5 602 800 − 3 263 832)] × 6%
　　贷：未确认融资费用　　　　　　　　　　 1 659 661.92
借：长期应付款　　　　　　　　　　　　　　18 000 000
　　贷：银行存款　　　　　　　　　　　　　18 000 000
借：制造费用　　　　　　　　　　　　　　　 6 400 000（64 000 000 ÷ 10）
　　贷：累计折旧　　　　　　　　　　　　　 6 400 000

(5) 20×4年6月30日发生该机器设备的日常修理费用20万元，以银行存款支付。
借：管理费用　　　　　　　　　　　　　　　　 200 000
　　贷：银行存款　　　　　　　　　　　　　　 200 000

(6) 20×4年12月31日支付设备价款。（不做计提折旧处理）
借：财务费用　　　　　　　　　　　　　　　　 679 400
　　(5 602 800 − 3 263 800 − 1 659 600)
　　贷：未确认融资费用　　　　　　　　　　　 679 400
借：长期应付款　　　　　　　　　　　　　　12 000 000

贷：银行存款　　　　　　　　　　　　　　　　12 000 000

五、案例分析题

（1）根据《企业会计准则第4号——固定资产》的有关规定，投资者投入的固定资产应当按照投资合同或协议约定的价值确定其入账价值，但合同或协议约定价值不公允的除外。在投资合同或协议约定价值不公允的情况下，按照该项固定资产的公允价值作为入账价值。故该进口设备应按480万元入账。

（2）晟悦公司对第一车间生产用机器设备折旧方法的变更处理是不正确的，违背了会计信息质量要求的可比性要求。

（3）会计小王对厂房折旧问题的看法不正确。根据《企业会计准则第4号——固定资产》的有关规定，企业应当对所有的固定资产计提折旧，但是，已提足折旧仍继续使用的固定资产和单独计价入账的土地除外。固定资产应该按月计提折旧，对于不需用、未使用的固定资产也应计提折旧。当固定资产提足折旧之后，不论是否继续使用，均不再计提折旧，提前报废的固定资产也不再补提折旧。晟悦公司闲置厂房目前仍属于需要计提折旧的范围，若对该厂房进行提前报废处理，则不用再计提。

Chapter 8

无形资产及其他资产

一、单选题

1. 无形资产是指企业拥有或控制的没有实物形态的可辨认的(　　)。
   A. 资产　　　　　　　　　　　　B. 非流动性资产
   C. 货币性资产　　　　　　　　　D. 非货币性资产

2. 专利权有法定有效期限,一般专利权的有效期限为(　　)。
   A. 5 年　　　　　　　　　　　　B. 10 年
   C. 15 年　　　　　　　　　　　 D. 20 年

3. 商标权有法定有效期限,一般商标权的有效期限为(　　)。
   A. 5 年　　　　　　　　　　　　B. 10 年
   C. 15 年　　　　　　　　　　　 D. 20 年

4. 企业自创的专利权与非专利技术,其研究开发过程中发生的支出,应当区分研究阶段支出与开发阶段支出分别处理。无法区分研究阶段支出和开发阶段支出的,应当将其所发生的研发支出全部费用化,计入当期损益中的(　　)。
   A. 管理费用　　　　　　　　　　B. 财务费用
   C. 营业外支出　　　　　　　　　D. 销售费用

5. 购买无形资产的价款超过正常信用条件延期支付,实质上具有融资性质的,无形资产的成本以购买价款的现值为基础确定。实际支付的价款与购买价款的现值之间的差额,作为(　　)处理。
   A. 当期损益　　　　　　　　　　B. 待摊费用
   C. 应付账款　　　　　　　　　　D. 未确认融资费用

6. 下列各项中不属于企业无形资产的是(　　)。
   A. 商誉　　　　　　　　　　　　B. 专利权
   C. 著作权　　　　　　　　　　　D. 商标权

7. 企业出租无形资产,其租金收入在( )账户中计量。
   A. "主营业务收入"   B. "其他业务收入"
   C. "营业外收入"   D. "投资收益"

8. 关于企业内部研究开发项目的支出,下列说法中错误的是( )。
   A. 企业内部研究开发项目的支出,应当区分研究阶段支出与开发阶段支出
   B. 企业内部研究开发项目研究阶段的支出,应当于发生时计入当期损益
   C. 企业内部研究开发项目开发阶段的支出,应确认为无形资产
   D. 企业内部研究开发项目开发阶段的支出,可能确认为无形资产,也可能确认为费用

9. 关于无形资产的后续计量,下列说法中正确的是( )。
   A. 使用寿命不确定的无形资产,应该按系统合理的方法摊销
   B. 使用寿命不确定的无形资产,应按10年摊销
   C. 企业无形资产的摊销方法,应当反映与该项无形资产有关的经济利益的预期实现方式
   D. 无形资产的摊销方法只有直线法

10. 企业取得的已作为无形资产确认的正在进行中的研究开发项目发生的支出,下列说法中正确的是( )。
    A. 应于发生时计入当期损益
    B. 应计入无形资产成本
    C. 属于研究开发项目研究阶段的支出,应当于发生时计入当期损益
    D. 属于研究开发项目开发阶段的支出,应当于发生时计入当期损益

11. 由投资者投资转入的无形资产,应按合同或协议约定的价值,借记"无形资产"科目,按其在注册资本所占的份额,贷记"实收资本"科目,按其差额计入( )科目。
    A. "资本公积——资本溢价"   B. "营业外收入"
    C. "资本公积——其他资本公积" D. "营业外支出"

12. 当无形资产预期不能为企业带来经济利益时,应当将该无形资产的账面价值全部转入( )账户。
    A. "销售费用"   B. "累计摊销"
    C. "管理费用"   D. "营业外支出"

13. 企业摊销无形资产时,借记"管理费用"等科目,贷记( )科目。
    A. "投资收益"   B. "累计摊销"
    C. "营业外收入"   D. "无形资产"

14. 下列支出中,不应确认为无形资产的是( )。
    A. 支付的土地使用权出让金
    B. 由于技术先进掌握了生产诀窍而获得的商誉
    C. 自行开发并依法取得专利权发生的注册费和律师费

D. 吸收投资所取得的专利权

15. 某企业自创一项专利,并经过有关部门审核注册获得其专利权。该项专利权的研究开发费为15万元,其中开发阶段符合资本化条件的支出8万元,发生的注册登记费2万元,律师费1万元。该项专利权的入账价值为( )。

    A. 15万元   B. 21万元

    C. 11万元   D. 18万元

16. 某企业出售一项3年前取得的专利权,该专利权取得时的成本为20万元,按10年摊销,出售时取得收入40万元,增值税率为6%。不考虑城市维护建设税和教育费附加,则出售该项专利时影响当期的损益为( )。

    A. 24万元   B. 26万元

    C. 15万元   D. 16万元

17. 企业原来没有入账的土地使用权,有偿转让时按规定补交的土地出让金应当作为( )。

    A. 固定资产核算   B. 长期待摊费用

    C. 无形资产入账   D. 当期费用

18. 作为无形资产的土地使用权是指( )。

    A. 通过行政划拨获得的土地使用权   B. 按期缴纳土地使用费

    C. 将通过行政划拨获得的土地使用权有偿转让,按规定补交的土地出让价款

    D. 国有土地依法确定给国有企业使用

19. 企业接受投资者投入的无形资产,应按( )入账。

    A. 同类无形资产的价格

    B. 该无形资产可能带来的未来现金流量之和

    C. 投资各方合同或协议约定的价值

    D. 投资方无形资产账面价值

20. 在会计期末,股份有限公司所持有的无形资产的账面价值高于其可收回金额的差额,应当计入( )。

    A. 管理费用   B. 资产减值损失

    C. 其他业务成本   D. 营业外支出

二、多选题

1. 无形资产具有的特征是( )。

    A. 无实体性   B. 可辨认性

    C. 非货币性   D. 长期性

2.企业自创商标权过程中发生的相关支出应全部计入当期损益,其中应计入销售费用的有(　　)。
　　A.宣传广告费　　　　　　　　　　B.产品保修费
　　C.注册登记费　　　　　　　　　　D.法律咨询费
3.无形资产出售时,应贷记的科目有(　　)。
　　A."营业外支出"　　　　　　　　　B."应交税费"
　　C."无形资产"　　　　　　　　　　D."营业外收入"
4.无形资产转销时,应借记的科目有(　　)。
　　A."累计摊销"　　　　　　　　　　B."无形资产减值准备"
　　C."无形资产"　　　　　　　　　　D."营业外支出"
5.出租无形资产的摊销,其摊销额应区分情况分别计入(　　)科目。
　　A."管理费用"　　　　　　　　　　B."其他业务成本"
　　C."营业外支出"　　　　　　　　　D."待摊费用"
6.在下列各项中,企业应确认为无形资产的有(　　)。
　　A.购入的专利权　　　　　　　　　B.因转让土地使用权补交的土地出让金
　　C.自行开发并按法律程序申请取得的无形资产
　　D.无偿划拨取得的土地使用权
7.企业发生下列无形资产项目支出,应于发生时计入当期损益的有(　　)。
　　A.培训活动支出　　　　　　　　　B.广告和营销活动支出
　　C.符合无形资产准则规定的确认条件、构成无形资产成本的部分
　　D.非同一控制下企业合并中取得的不能单独确认为无形资产、构成购买日确认的商誉的部分
8.关于无形资产处置,下列说法中正确的是(　　)。
　　A.企业出售无形资产,应当将取得的价款与该无形资产账面价值的差额计入当期损益
　　B.企业出售无形资产,应当将取得的价款与该无形资产账面净值的差额计入当期损益
　　C.无形资产预期不能为企业带来经济利益的,应当将该无形资产的账面价值予以转销
　　D.无形资产预期不能为企业带来经济利益的,也应按原预定方法和使用寿命摊销
9.关于无形资产的摊销,下列说法中正确的有(　　)。
　　A.使用寿命有限的无形资产,其应摊销额应当在使用寿命内系统合理摊销
　　B.企业摊销无形资产,应当自无形资产可供使用时起,至不再作为无形资产确认时为止
　　C.无形资产摊销期限不超过10年
　　D.使用寿命有限的无形资产一定无残值
10.企业内部研究开发项目开发阶段支出,同时满足(　　)条件的,才能作为无形资产。
　　A.归属于该无形资产开发阶段的支出能够可靠计量

B. 有足够的技术、财务资源和其他资源支持,以完成该无形资产开发,并有能力使用或出售该无形资产

C. 具有完成该无形资产并使用或出售的意图

D. 完成该无形资产以使其能够使用或出售在技术上具有可行性

E. 无形资产产生经济利益的方式,包括能够证明运用该无形资产生产的产品存在市场或无形资产自身存在市场,无形资产将在内部使用的,应当证明其有用性

11. 下列关于无形资产的会计处理中,不正确的有(　　)。

A. 转让无形资产使用权所取得的收入应计入其他业务收入

B. 使用寿命确定无形资产摊销只能采用直线法

C. 转让无形资产所有权所发生的支出应计入营业外支出

D. 使用寿命不确定的无形资产不应摊销

E. 使用寿命不确定的无形资产,既不应摊销又不应考虑减值

12. 下列各项中,会引起无形资产账面价值发生增减变动的有(　　)。

A. 对无形资产计提减值准备　　　　B. 发生无形资产后续支出

C. 摊销无形资产　　　　　　　　　D. 转让无形资产所有权

E. 转让无形资产使用权

13. 关于无形资产的确认,应同时满足的条件有(　　)。

A. 符合无形资产定义

B. 与该资产有关的经济利益很可能流入企业

C. 该无形资产的成本能够可靠地计量

D. 必须是企业外购的

14. 关于无形资产的初始计量,下列说法中正确的有(　　)。

A. 外购的无形资产,其成本包括购买价款、相关税费以及直接归属于使该资产达到预定用途所发生的其他支出

B. 购入无形资产超过正常信用条件延期支付价款,实质上具有融资性质的,应按所购无形资产购买价总额入账

C. 投资者投入无形资产的成本,应当按投资合同或协议约定的价值确定,合同或协议约定价值不公允的除外

D. 企业取得的土地使用权,应作为无形资产核算,一般情况下,当土地使用权用于自行开发建造厂房等地上建筑物时,相关的土地使用权账面价值不转入在建工程成本

三、判断题

1. 无形资产的可辨认性特征是区别于商誉的显著标志,其非货币性特征是区别于债权的显著标志。　　　　　　　　　　　　　　　　　　　　　　　　　　(　　)

2. 专利权和商标权均有法定有效期限,且到期时均不得继续申请延长注册期。( )
3. 著作权又称版权,是指著作权人对其著作依法享有的出版、发行方面的专有权利,不包括修改权、保护作品完整权等。( )
4. 会计准则规定,企业拥有的专利权、商标权、非专利技术、著作权、土地使用权和特许权都应确认为无形资产核算。( )
5. 会计准则规定,企业自创商誉以及内部产生的品牌、报刊名等,不应确认为无形资产。( )
6. 企业自创商标权过程中发生的注册登记费应当计入管理费用。( )
7. 投资者投入、接受捐赠、非货币性资产交换以及债务重组取得的无形资产,其账务处理与固定资产相同。( )
8. 无论无形资产使用寿命是否有限,均应进行摊销。( )
9. 企业出售无形资产,应当将取得的价款与该无形资产账面价值的差额计入当期营业外收入。( )
10. 无形资产销售与转销所发生的损益属于营业外损益,而无形资产出租所发生的损益则属于营业损益。( )
11. 无形资产出租所发生的技术指导费、人员培训费、手续费、律师费、差旅费和印花税等初始直接费用以及因无形资产出租而发生的增值税等,应当计入"其他业务成本"账户。( )
12. 无形资产减值损失确认后,减值无形资产的摊销应当在未来期间做相应调整,以使该无形资产在剩余使用寿命内,系统地分摊调整后的无形资产账面价值。( )
13. 用于出租或增值的土地使用权属于投资性房地产,不属于无形资产。( )
14. 无形资产的后续支出,应区分不同情况在发生当期确认为资本化或计入当期损益。( )
15. 企业应将其所拥有的一切专利权均予以资本化,作为无形资产核算。( )
16. 企业将土地使用权作为无形资产核算,待实际开发时一次性地将账面价值结转到自建项目的工程成本。( )
17. 企业开发阶段发生的支出应全部资本化,计入无形资产成本。( )

四、业务处理题

1. A公司20×5年1月1日从B公司购入一项专利权,以银行存款支付买价和有关费用共计100万元。该专利权自可供使用时起至不再作为无形资产确认时止的年限为10年,假定A公司于年末一次计提全年无形资产摊销。20×6年1月1日A公司将上项专利出售给C公司,取得收入90万元存入银行,该项收入适用的增值税税率为6%(不考虑其他税费)。

要求:
(1)编制 A 公司购买专利权的会计分录。
(2)计算该项专利权的年摊销额,并编制有关会计分录。
(3)编制与该专利权转让有关的会计分录,并计算转让的净损益。

2. M 公司 20×5 年 10 月起自行研究开发一项专利。当年主要从事调查、评价,发生费用 30 000 元。根据研究结果,20×6 年正式进行专利技术开发,当年发生费用 200 000 元,在申请专利权过程中又发生注册费、律师费等相关费用 15 000 元。

要求:
(1)计算无形资产的入账成本。
(2)编制研究开发该项专利权的相关会计分录。

参考答案

一、单选题
1. D 2. D 3. B 4. A 5. D 6. A 7. B 8. D 9. C 10. B 11. C 12. D 13. B
14. B 15. C 16. A 17. C 18. A 19. C 20. C

二、多选题
1. ABCDE 2. AB 3. BC 4. AB 5. AB 6. ABCD 7. AB 8. BC 9. AB 10. ABCDE
11. ABE 12. BDE 13. BC 14. ACD

三、判断题
1. √ 2. × 3. × 4. × 5. √ 6. √ 7. × 8. × 9. √ 10. √ 11. √ 12. √
13. √ 14. √ 15. × 16. √ 17. ×

四、业务处理题
1.(1)A 公司购买专利权的会计分录:

借:无形资产——专利权　　　　　　　　1 000 000
　　贷:银行存款　　　　　　　　　　　　　　　1 000 000

(2)年摊销额和有关会计分录:

专利权年摊销额 = 1 000 000 ÷ 10 = 100 000(元)

借:管理费用——摊销无形资产　　　　　100 000
　　贷:累计摊销——专利权　　　　　　　　　　100 000

(3)专利权转让的会计分录:

借:银行存款　　　　　　　　　　　　　900 000
　　累计摊销——专利权　　　　　　　　200 000
　　贷:无形资产——专利权　　　　　　　　　1 000 000
　　　　营业外收入——非流动资产处置利得　　44 000
　　　　应交税费——应交增值税(销项税额)　　54 000

2. 20×5年：

①发生研发费用时：

借：研发支出——费用化支出　　　30 000
　　贷：银行存款　　　　　　　　　　　30 000

②未转销费用化支出时：

借：管理费用　　　　　　　　　　30 000
　　贷：研发支出——费用化支出　　　　30 000

20×6年：

①发生研发费用时：

借：研发支出——资本化支出　　　200 000
　　贷：银行存款　　　　　　　　　　　200 000

②发生注册和律师费时：

借：研发支出——资本化支出　　　15 000
　　贷：银行存款　　　　　　　　　　　15 000

③形成无形资产时：

借：无形资产——专利权　　　　　215 000
　　贷：研发支出——资本化支出　　　　215 000

Chapter 9

投资性房地产

一、单选题

1. 下列各项中,不属于投资性房地产的是( )。
   A. 已出租的建筑物　　　　　　B. 持有并准备增值后转让的土地使用权
   C. 已出租的土地使用权　　　　D. 持有以备增值后转让的建筑物

2. 企业对投资性房地产采用成本模式计量的投资性房地产的折旧,下列说法中不正确的是( )。
   A. 当月增加的投资性房地产当月不计提折旧
   B. 当月减少的投资性房地产当月不计提折旧
   C. 当月增加的投资性房地产下月起计提折旧
   D. 当月减少的投资性房地产下月起不计提折旧

3. 企业对投资性房地产采用成本模式计量。企业的一幢写字楼因原客户退租又未与新的客户签订租赁协议而暂时空置,对该写字楼应当( )。
   A. 停止计提折旧　　　　　　　B. 继续计提折旧
   C. 减半计提折旧　　　　　　　D. 计提减值准备

4. 一企业对投资性房地产采用成本模式计量,并且投资性房地产不属于该企业的主营业务,计提的折旧费用或摊销费用应当计入( )。
   A. 管理费用　　　　　　　　　B. 制造费用
   C. 其他业务成本　　　　　　　D. 营业外支出

5. 采用成本模式进行后续计量的企业,关于投资性房地产的会计处理,下列说法中不正确的是( )。
   A. 应当按规定计提折旧或摊销　B. 折旧或摊销计入其他业务成本
   C. 取得的租金计入其他业务收入　D. 不得再转为公允价值模式计量

6. 企业外购、自行建造的投资性房地产,应当按投资性房地产准则确定的成本借记

(　　)科目,贷记"银行存款""在建工程"科目。
　　A."投资性房地产" B."固定资产"
　　C."在建工程" D."无形资产"
7.企业对以公允价值模式进行后续计量的投资性房地产取得的租金收入,应该贷记(　　)科目。
　　A."投资收益" B."管理费用"
　　C."营业外收入" D."其他业务收入"
8.若企业采用成本模式对投资性房地产进行后续计量,下列说法中正确的有(　　)。
　　A.企业应对已出租的建筑物计提折旧
　　B.企业不应对已出租的建筑物计提折旧
　　C.企业应对已出租的土地使用权进行摊销
　　D.企业不应对已出租的土地使用权进行摊销
9.企业采用公允价值模式对投资性房地产进行后续计量,下列各项中不是应当满足的条件是(　　)。
　　A.投资性房地产所在地有活跃的房地产交易市场
　　B.企业能够从活跃的交易市场上取得同类或类似房地产的价格信息以及其他相关信息,从而对投资性房地产的公允价值做出合理的估计
　　C.企业所有的投资性房地产公允价值都能够持续可靠地取得
　　D.企业所有资产的公允价值都能够持续可靠地取得
10.长城公司于20×6年1月1日将一幢商品房对外出租并采用公允价值模式计量,租期为3年,每年12月31日收到租金200万元,出租时,该商品房成本为5 000万元,公允价值为5 400万元,20×6年12月31日,该幢商品房公允价值为5 300万元。长江公司20×6年应确认的公允价值变动损益为(　　)万元。
　　A.损失100 B.收益100
　　C.收益300 D.损失200

二、多选题
　　1.下列各项中,属于投资性房地产的有(　　)。
　　A.企业生产车间的建筑物
　　B.企业以经营租赁方式租出的办公大楼
　　C.房地产开发商正在开发的商品房
　　D.企业持有的拟增值后转让的土地使用权
　　2.下列各项中,不影响企业当期损益的有(　　)。
　　A.采用成本模式计量,期末投资性房地产的可收回金额高于账面价值

B. 采用成本模式计量,期末投资性房地产的可收回金额高于账面余额

C. 采用公允价值模式计量,期末投资性房地产的公允价值高于账面余额

D. 自用的房地产转换成公允价值模式计量的投资性房地产时,转换日房地产的公允价值大于账面价值

3. 下列各项中,属于投资性房地产确认条件的有( )。

A. 相关经济利益很可能流入企业　　B. 成本能够可靠计量

C. 自用房地产　　　　　　　　　　D. 作为存货的房地产

4. 投资性房地产的后续支出如果是资本化的后续支出,可能计入( )账户。

A. 在建工程　　　　　　　　　　　B. 投资性房地产

C. 其他业务成本　　　　　　　　　D. 其他业务收入

5. 关于投资性房地产后续计量模式的转换,下列说法中不正确的是( )。

A. 成本模式转为公允价值模式的,应当作为会计政策变更

B. 已经采用成本模式计量的投资性房地产,可以从成本模式转为公允价值模式

C. 非投资性房地产转换为投资性房地产,应当作为会计政策变更

D. 已经采用公允价值模式计量的投资性房地产,不得从公允价值模式转为成本模式

6. 下列各项中,说法正确的是( )。

A. 采用成本模式计量的投资性房地产的折旧(或摊销)费用应计入其他业务成本

B. 企业处置投资性房地产时,应当将处置收入计入其他业务收入

C. 企业处置采用公允价值模式计量的投资性房地产时,原转换日计入资本公积的金额应转入投资收益

D. 企业处置采用公允价值模式计量的投资性房地产时,应当将累计公允价值变动转入其他业务成本

三、业务处理题

1. 20×4年6月20日写字楼对外出租给C公司使用,租赁期开始日为20×4年7月1日。写字楼的实际建造成本为46 000万元。到20×4年6月30日,该写字楼累计计提折旧5 750万元,该房地产开发公司对投资性房地产采用公允价值模式计量。20×6年7月1日,写字楼的公允价值为42 000万元;20×4年12月31日,写字楼的公允价值为41 000万元;20×5年12月31日,写字楼的公允价值为44 000万元。20×6年6月30日,租赁期满,房地产开发公司收回写字楼,并以45 000万元售出,价款已收存银行。假定不考虑相关税费。

要求:做出账务处理。

2. 新世界电子有限公司于20×4年12月31日在自有土地上建成一座厂房,此在建工程账面成本为180万元(摊销期限20年,按平均年限法摊销,预计无残值),建成初衷是作为自用的车间。但由于产品销路不畅,于20×6年1月1日将此厂房出租,出租时公允价值为200

万元,租期10年。20×9年按国家规定安装相关消防设备花费8万元。20×6年1月1日到期后将此厂房改建为第五车间,此时公允价值为135万元。

要求:分别用成本模式与公允价值模式进行账务处理。

参考答案

一、单选题

1. D   2. B   3. B   4. C   5. D   6. A   7. D   8. A   9. D   10. A

二、多选题

1. BD   2. ABD   3. AB   4. AB   5. ABD   6. ABD

三、业务处理题

1.(1) 20×4年7月1日,自用转为投资性房地产。

借:投资性房地产——写字楼(成本)	42 000
累计折旧	5 750
贷:固定资产	46 000
资本公积——其他资本公积	1 750

(2) 20×4年12月31日,确认公允价值变动。

借:公允价值变动损益	1 000
贷:投资性房地产——写字楼(公允价值变动)	1 000

(3) 20×5年12月31日,确认公允价值变动。

借:投资性房地产——写字楼(公允价值变动)	3 000
贷:公允价值变动损益	3 000

(4) 20×6年6月30日,出售投资性房地产。

借:银行存款	45 000
贷:其他业务收入	45 000
借:其他业务成本	44 000
贷:投资性房地产——写字楼(成本)	42 000
投资性房地产——写字楼(公允价值变动)	2 000
借:公允价值变动损益	2 000
贷:其他业务成本	2 000
借:资本公积——其他资本公积	1 750
贷:其他业务成本	1 750

2. 如果依照《企业会计准则第3号——投资性房地产》,其相关的会计处理如下:

(1) 成本模式。

①20×4年12月31日建成时:

借:固定资产	1 800 000

贷:在建工程　　　　　　　　　　　　　　　　　　　1 800 000
②20×5年摊销折旧:
　借:管理费用　　　　　　　　　　　　　　　　　　　　90 000
　　贷:累计折旧　　　　　　　　　　　　　　　　　　　　90 000
③20×6年出租时:
　借:投资性房地产　　　　　　　　　　　　　　　　　1 710 000
　　　累计折旧　　　　　　　　　　　　　　　　　　　　90 000
　　贷:固定资产　　　　　　　　　　　　　　　　　　　1 800 000
④出租期每年摊销折旧:
　借:管理费用　　　　　　　　　　　　　　　　　　　　90 000
　　贷:累计折旧　　　　　　　　　　　　　　　　　　　　90 000
⑤2009年安装消防设备直接计入当期费用(此后续支出并不能使流入企业的未来经济利益超过原先的估计):
　借:管理费用　　　　　　　　　　　　　　　　　　　　80 000
　　贷:银行存款　　　　　　　　　　　　　　　　　　　　80 000
⑥20×6年收回厂房:
此时投资性房地产账面价值 = 171 - 9×10 = 81(万元)
　借:固定资产　　　　　　　　　　　　　　　　　　　　810 000
　　　累计折旧　　　　　　　　　　　　　　　　　　　　900 000
　　贷:投资性房地产　　　　　　　　　　　　　　　　　1 710 000
⑦收回期每年摊销折旧 = 81÷9 = 9(万元)
　借:管理费用　　　　　　　　　　　　　　　　　　　　90 000
　　贷:累计折旧　　　　　　　　　　　　　　　　　　　　90 000
(2)公允价值模式:
①20×4年12月31日建成时:
　借:固定资产　　　　　　　　　　　　　　　　　　　1 800 000
　　贷:在建工程　　　　　　　　　　　　　　　　　　　1 800 000
②20×5年摊销折旧:
　借:管理费用　　　　　　　　　　　　　　　　　　　　90 000
　　贷:累计折旧　　　　　　　　　　　　　　　　　　　　90 000
③20×6年出租时:
　借:投资性房地产　　　　　　　　　　　　　　　　　2 000 000
　　　累计折旧　　　　　　　　　　　　　　　　　　　　90 000
　　贷:固定资产　　　　　　　　　　　　　　　　　　　1 800 000

资本公积　　　　　　　　　　　　　　　　　　　　　　90 000
④出租期不计提折旧,而应以资产负债表日投资性房地产公允价值为基础,调整其账面价值。

⑤20×9年安装消防设备直接计入当期费用:
借:管理费用　　　　　　　　　　　　　80 000
　贷:银行存款　　　　　　　　　　　　　80 000

⑥20×6年收回厂房,此时投资性房地产账面价值200万元。
借:固定资产　　　　　　　　　　　　1 350 000
　公允价值变动损益　　　　　　　　　　650 000
　贷:投资性房地产　　　　　　　　　　2 000 000

⑦假设新车间仍按平均年限法摊销,摊销期限9年,预计无残值。每年摊销折旧分录为:
借:管理费用　　　　　　　　　　　　　150 000
　贷:累计折旧　　　　　　　　　　　　　150 000（135÷9=15）

第十章

Chapter 10

负　债

一、单选题

1. 某企业于 20×9 年 6 月 2 日从甲公司购入一批产品并已验收入库。增值税专用发票上注明该批产品的价款为 150 万元,增值税税额为 25.5 万元。合同中规定的现金折扣条件为 2/10、1/20、n/30,假定计算现金折扣时不考虑增值税。该企业在 20×9 年 6 月 11 日付清货款。企业购买产品时应付账款的入账价值是(　　)万元。
   A. 147　　　　　　　　　　　　　　B. 150
   C. 172.5　　　　　　　　　　　　　D. 175.5

2. 某企业于 20×2 年 5 月 2 日从甲公司购入一批产品并已验收入库。增值税专用发票上注明该批产品的价款为 100 万元,增值税税额为 17 万元。合同中规定的现金折扣条件为:2/10、1/20、n/30,假定计算现金折扣时考虑增值税。该企业在 20×2 年 5 月 11 日付清货款,企业付款金额为(　　)万元。
   A. 114.66　　　　　　　　　　　　B. 116
   C. 117　　　　　　　　　　　　　　D. 115

3. 企业按规定计算缴纳的下列税金中,应当计入相关资产成本的是(　　)。
   A. 车船税　　　　　　　　　　　　B. 土地使用税
   C. 城市维护建设税　　　　　　　　D. 车辆购置税

4. 某公司 20×2 年 11 月 1 日开具了商业承兑汇票,该商业承兑汇票的面值为 100 万元,年利率为 6%,期限为 6 个月。20×2 年 12 月 31 日该公司"应付票据"的账面价值为(　　)万元。
   A. 100　　　　　　　　　　　　　　B. 101
   C. 103　　　　　　　　　　　　　　D. 102

5. 下列各项中,不属于职工薪酬的是(　　)。
   A. 职工出差报销的火车票　　　　　B. 职工福利费

C. 医疗保险费 D. 职工工资

6. 下列职工薪酬中,不应当根据职工提供服务的受益对象计入成本费用的是( )。

A. 构成工资总额的各组成部分

B. 因解除与职工的劳动关系给予的补偿

C. 工会经费和职工教育经费

D. 社会保险费

7. 应由生产产品、提供劳务负担的职工薪酬,应当( )。

A. 计入管理费用 B. 计入销售费用

C. 确认为当期费用 D. 计入存货成本或劳务成本

8. 企业在无形资产研究阶段发生的职工薪酬,应当( )。

A. 计入当期管理费用 B. 计入在建工程成本

C. 计入无形资产成本 D. 计入固定资产成本

9. 企业因解除与职工的劳动关系给予职工补偿而发生的职工薪酬,应借记的会计科目是( )。

A. "管理费用" B. "计入存货成本"或"劳务成本"

C. "营业外支出" D. "计入销售费用"

10. 对以经营租赁方式租入的生产线进行改良,应付企业内部改良工程人员工资,应借记的会计科目是( )。

A. "制造费用" B. "长期待摊费用"

C. "应付职工薪酬" D. "在建工程"

11. 按规定计算代扣代缴职工个人所得税,应贷记的会计科目是( )。

A. "其他应付款" B. "应交税费"

C. "应付职工薪酬" D. "银行存款"

12. 委托加工的应税消费品收回后用于连续生产应税消费品的,由受托方代收代缴的消费税,委托方应借记的会计科目是( )。

A. "在途物资" B. "委托加工物资"

C. "应交税费——应交消费税" D. "营业税金及附加"

13. 小规模纳税企业购入原材料取得的增值税专用发票上注明:货款200万元,增值税34万元,在购入材料的过程中另支付运杂费5万元。则该企业原材料的入账价值为( )万元。

A. 195 B. 205

C. 233 D. 239

14. 某企业为增值税一般纳税人,20×2年应交的各种税金为:增值税350万元,消费税150万元,城市维护建设税35万元,房产税10万元,车船使用税5万元,所得税250万元。上述各项税金应计入管理费用的金额为( )万元。

A.5   B.15
C.50   D.185

15. 企业自销的应税矿产品应交资源税,应计入( )账户。

A. 制造费用   B. 生产成本
C. 主营业务成本   D. 营业税金及附加

16. 下列各项中不应计入"营业税金及附加"的是( )。

A. 消费税   B. 资源税
C. 城市维护建设税   D. 增值税的销项税额

17. "应付利息"科目核算的内容是( )。

A. 企业按实际利率计算的利息
B. 企业按合同约定支付的利息
C. 到期一次还本付息的长期债券应付的利息
D. 到期一次归还本金利息的长期借款的利息

18. 甲公司于20×1年1月1日从银行借入资金1 000万元,借款期限为2年,年利率为5%,利息从20×2年开始每年年初支付,到期时归还本金及最后一年利息。所借款项已存入银行。20×1年12月31日该长期借款的账面价值为( )万元。

A.1 050   B.1 100
C.1 000   D.100

19. 企业作为福利为高管人员配备汽车。计提这些汽车折旧时,应编制的会计分录是( )。

A. 借记"管理费用"科目,贷记"累计折旧"科目
B. 借记"管理费用"科目,贷记"固定资产"科目
C. 借记"管理费用"科目,贷记"应付职工薪酬"科目;同时借记"应付职工薪酬"科目,贷记"累计折旧"科目
D. 借记"制造费用"科目,贷记"累计折旧"科目

20. 甲企业20×2年7月1日按面值发行5年期债券2 000万元。该债券到期一次还本付息,票面年利率为5%,实际利率也为5%。甲企业20×2年应确认的财务费用为( )万元。

A.0   B.500
C.50   D.100

21. 甲企业20×1年7月1日按面值发行5年期债券1 000万元。该债券到期一次还本付息,票面年利率为5%。甲企业20×2年12月31日应付债券的账面余额为( )万元。

A.1 000   B.1 025
C.1 075   D.1 050

22. 企业对应付的商业承兑汇票,如果到期不能足额付款,在会计处理上应将其转作( )。
   A. 应付账款　　　　　　　　　　B. 其他应付款
   C. 预付账款　　　　　　　　　　D. 短期借款

23. 短期借款利息核算不会涉及的账户是( )。
   A. 短期借款　　　　　　　　　　B. 应付利息
   C. 财务费用　　　　　　　　　　D. 银行存款

24. 企业收取包装物押金及其他各种暂收款项时,应贷记( )科目。
   A. 营业外收入　　　　　　　　　B. 其他业务收入
   C. 其他应付款　　　　　　　　　D. 其他应收款

25. 预收账款情况不多的企业,可以不设"预收账款"科目,而将预收的款项直接计入的账户是( )。
   A. 应收账款　　　　　　　　　　B. 预付账款
   C. 其他应收款　　　　　　　　　D. 应付账款

26. 委托加工应纳消费税物资(非金银首饰)收回后直接出售的应税消费品,其由受托方代扣代交的消费税,应计入( )账户。
   A. 管理费用　　　　　　　　　　B. 委托加工物资
   C. 营业税金及附加　　　　　　　D. 应交税费——应交消费税

27. 企业交纳的下列税款中,不需要通过"应交税费"科目核算的是( )。
   A. 增值税　　　　　　　　　　　B. 印花税
   C. 土地增值税　　　　　　　　　D. 资源税

28. 下列各项中不应计入"营业税金及附加"的是( )。
   A. 消费税　　　　　　　　　　　B. 资源税
   C. 城市维护建设税　　　　　　　D. 增值税的销项税额

29. 下列各项税金中,不影响企业损益的有( )。
   A. 消费税　　　　　　　　　　　B. 资源税
   C. 一般纳税企业的增值税销项税额　D. 所得税

30. 某增值税一般纳税企业因暴雨毁损库存材料一批,该批原材料的实际成本为20 000元,收回残料价值800元,保险公司赔偿11 600元。该企业购入材料的增值税税率为17%,该批毁损原材料造成的非常损失净额是( )元。
   A. 7 600　　　　　　　　　　　B. 18 800
   C. 8 400　　　　　　　　　　　D. 11 000

二、多选题

1. 下列各项中,属于职工薪酬的有(   )。
A. 业务招待费
B. 工伤保险费
C. 养老保险费
D. 因解除与职工的劳动关系给予的补偿

2. 下列税金中,应计入存货成本的有(   )。
A. 由受托方代扣代交的委托加工直接用于对外销售的商品负担的消费税
B. 由受托方代扣代交的委托加工继续用于生产应纳消费税的商品负担的消费税
C. 进口原材料交纳的进口关税
D. 一般纳税人进口原材料交纳的增值税

3. 下列项目中,属于其他应付款的有(   )。
A. 融资租入固定资产应付的租金
B. 经营租入固定资产和包装物的租金
C. 购买商品开出的商业汇票
D. 应付、暂收所属单位、个人的款项

4. 下列各项交易或事项,应通过"其他应付款"科目核算的有(   )。
A. 客户存入的保证金   B. 应付股东的股利
C. 应付租入包装物的租金   D. 预收购货单位的货款

5. 企业缴纳的下列税金中,应通过"应交税费"科目核算的有(   )。
A. 印花税   B. 耕地占用税
C. 所得税   D. 土地增值税

6. 下列各项税金中,应计入有关成本的有(   )。
A. 一般纳税人以库存商品对外投资应交的增值税
B. 一般纳税人购入生产用设备所支付的增值税
C. 小规模纳税企业购入商品已交的增值税
D. 小规模纳税企业购入生产设备已交的增值税

7. 下列税费中,应计入管理费用的有(   )。
A. 房产税   B. 土地使用税
C. 车船使用税   D. 资源税

8. 下列各项中,应作为应付职工薪酬核算的有(   )。
A. 支付的工会经费
B. 支付的职工教育经费

C. 为职工支付的住房公积金
D. 为职工无偿提供的医疗保健服务

9. 下列各项税金中,可能计入"税金及附加"科目的有(　　)。
　A. 消费税、土地增值税　　　　　　B. 城建税、教育费附加
　C. 消费税、资源税　　　　　　　　D. 增值税、消费税

10. "应付债券"账户的借方反映的内容有(　　)。
　A. 债券溢价的摊销　　　　　　　　B. 债券折价的摊销
　C. 期末计提应付债券利息　　　　　D. 归还债券本金

11. 下列对长期借款利息费用的会计处理,正确的有(　　)。
　A. 生产经营期间发生的借款费用可能计入制造费用
　B. 筹建期间的借款利息计入长期待摊费用
　C. 日常生产经营活动的借款利息计入财务费用
　D. 符合资本化条件的借款利息计入相关资产成本

12. 企业在生产经营期间按面值发行债券,按期计提利息时,可能涉及的会计科目有(　　)。
　A. 财务费用　　　　　　　　　　　B. 在建工程
　C. 应付债券　　　　　　　　　　　D. 长期待摊费用

13. 下列各项中,应通过"其他应付款"科目核算的有(　　)。
　A. 应付包装物的租金　　　　　　　B. 应付职工工资
　C. 存入保证金　　　　　　　　　　D. 应付经营租入固定资产租金

三、判断题

1. 短期借款利息在预提或实际支付时均应通过"短期借款"科目核算。(　　)
2. 工伤保险费和职工教育经费不属于职工薪酬的范围,不通过"应付职工薪酬"科目核算。(　　)
3. 企业生产工人的社会保险费应计入当期管理费用。(　　)
4. 职工薪酬中的工会经费应当根据职工提供服务的受益对象分别计入成本费用。(　　)
5. 计量应付职工薪酬时,国家规定了计提基础和计提比例的,应当按照国家规定的标准计提;没有规定计提基础和计提比例的,企业不得预计当期应付职工薪酬。(　　)
6. 对于带息的应付票据应于期末计息,增加票据的账面价值。(　　)
7. 预收账款不多的企业,可以不设置"预收账款"科目。企业预收客户货款时,直接将其计入"其他应收款"科目的贷方。(　　)

8. 企业将自用应税消费品对外投资,按规定缴纳的消费税,应计入"税金及附加"科目。
( )
9. 企业按规定计算的代扣代缴的职工个人所得税,借记"管理费用"等科目,贷记"其他应付款"科目。
( )
10. 应付股利是指企业根据董事会或类似机构审议批准的利润分配方案确定分配给投资者的现金股利或利润。
( )
11. 长期借款利息费用应当在资产负债表日按照实际利率法计算确定。 ( )
12. 应付债券利息不会计入在建工程。 ( )

四、业务处理题

1. 某企业20×2年1月1日向银行借入资金2 400万元,期限为9个月,年利率为6%。该项借款的本金到期后一次归还;利息分月预提,按季支付。

要求:编制借入款项、按月计提利息、按季支付利息和到期归还本金的会计分录。(答案中金额单位用万元表示)

2. 乙公司为一家彩电生产企业,共有职工200名,20×2年2月,公司以其生产的成本为10 000元的液晶彩电作为福利发放给公司的每名职工。该型号液晶彩电的售价为每台14 000元,乙公司适用的增值税率为17%。假定200名职工中170名为直接参加生产的职工,30名为总部管理人员。乙公司为总部部门经理级别以上职工每人提供一辆桑塔纳汽车免费使用,该公司总部共有部门经理以上职工20名,假定每辆桑塔纳汽车每月计提折旧1 000元,该公司还为其5名副总裁以上高级管理人员每人租赁一套公寓免费使用,月租金为每套8 000元。

要求:编制乙公司上述与职工薪酬有关业务的会计分录。

3. 某企业为增值税一般纳税人,20×2年4月份发生如下经济业务:

(1)根据供电部门通知,企业本月应付电费10万元。其中生产车间电费8万元,企业行政管理部门电费2万元。

(2)购入一批材料,价款为100万元,增值税专用发票上注明的增值税税额为17万元,款项尚未支付。

(3)管理部门委托外单位修理机器设备,对方开来的专用发票上注明修理费用10万元,增值税税额1.7万元,款项已用银行存款支付。

(4)建造厂房领用生产用原材料20万元,其购入时支付的增值税税额为3.4万元。

(5)出售一栋办公楼,出售收入1 000万元(不含税)已存入银行。该办公楼的账面原价为800万元,已提折旧200万元;出售过程中用银行存款支付清理费用5万元。销售该项固定资产适用的增值税税率为11%。

要求:编制上述业务的会计分录。(答案中金额单位用万元表示)

4. 甲公司于20×0年1月1日从银行借入资金4 000万元,借款期限为3年,年利率为

5%,利息从 20×1 年开始于每年年初支付,到期时归还本金及最后一年利息。所借款项已存入银行。甲公司用该借款于当日购买不需安装的设备一台,增值税专用发票标明价款为 3 000 万元,另支付运杂费及保险等费用 20 万元,设备已于当日投入使用。甲公司适用增值税税率为 17%。

要求:
(1)编制甲公司从取得借款到归还借款的会计分录。
(2)编制甲公司购买设备的会计分录。(答案中的金额单位用万元表示)

5. 某企业经批准从 20×0 年 1 月 1 日起按面值发行 3 年期每张面值为 100 元的债券 2 万张,债券年利率为 6%,每半年计息一次,该债券所筹资金全部用于新生产线的建设,该生产线于 20×1 年 6 月底完工交付使用,债券到期后一次支付本金和利息。

要求:编制该企业从债券发行到债券到期的全部会计分录。(答案中的金额单位用万元表示)

五、综合题

1. 甲上市公司为增值税一般纳税人,适用的增值税税率为 17%。20×3 年 3 月发生与职工薪酬有关的交易或事项如下:

(1)对行政管理部门使用的设备进行日常维修,应付企业内部维修人员工资 1.2 万元。
(2)对以经营租赁方式租入的生产线进行改良,应付企业内部改良工程人员工资 3 万元。
(3)为公司总部下属 25 位部门经理每人配备汽车一辆免费使用,假定每辆汽车每月计提折旧 0.08 万元。
(4)将 50 台自产的 V 型厨房清洁器作为福利分配给本公司行政管理人员。该厨房清洁器每台生产成本为 1.2 万元,市场售价为 1.5 万元(不含增值税)。
(5)月末,分配职工工资 150 万元,其中直接生产产品人员工资 105 万元,车间管理人员工资 15 万元,企业行政管理人员工资 20 万元,专设销售机构人员工资 10 万元。
(6)以银行存款缴纳职工医疗保险费 5 万元。
(7)按规定计算代扣代交职工个人所得税 0.8 万元。
(8)以现金支付职工李某生活困难补助 0.1 万元。
(9)从应付张经理的工资中扣回上月代垫的应由其本人负担的医疗费 0.8 万元。

要求:编制甲上市公司 20×3 年 3 月上述交易或事项的会计分录。("应交税费"科目要求写出明细科目和专栏名称,答案中的金额单位用万元表示。)

2. 大海公司为家电生产企业,共有职工 420 人,其中生产工人 300 人,车间管理人员 20 人,行政管理人员 30 人,销售人员 20 人,在建工程人员 50 人。大海公司适用的增值税税率为 17%。20×9 年 12 月份发生如下经济业务:

(1)本月应付职工工资总额为 540 万元,工资费用分配汇总表中列示的产品生产工人工资为300万元,车间管理人员工资为40万元,企业行政管理人员工资为80万元,销售人员工资为40万元,在建工程人员工资为80万元。

(2)下设的职工食堂享受企业提供的补贴,本月领用自产产品一批,该产品的账面价值为150万元,市场价格为200万元(不含增值税),适用的消费税税率为10%。

(3)以其自己生产的电暖气发放给公司每名职工,每台电暖气的成本为1 600元,市场售价为每台2 000元。

(4)为总部部门经理以上职工提供汽车免费使用,为副总裁以上高级管理人员每人租赁一套住房。大海公司现有总部部门经理以上职工共10人,假定所提供汽车每月一共计提折旧3万元;现有副总裁以上职工3人,所提供住房每月的租金2万元。

(5)用银行存款支付副总裁以上职工住房租金2万元。

(6)结算本月应付职工工资总额540万元,代扣职工房租10万元,企业代垫职工家属医药费5万元,代扣个人所得税30万元,余款用银行存款支付。

(7)上交个人所得税30万元。

(8)下设的职工食堂维修领用原材料100万元,其购入时支付的增值税税额17万元。

(9)从国外进口一批需要交纳消费税的商品,商品价值300万元,进口环节需要交纳的消费税为60万元(不考虑增值税),采购的商品已验收入库,货款尚未支付,税款已由银行存款支付。

(10)将自产的资源税应税矿产品500吨用于企业的产品生产,每吨应交资源税40元。

要求:编制上述业务的会计分录。(金额单位用万元表示)

参考答案

一、单选题

1. D 2. A 3. D 4. B 5. A 6. B 7. D 8. A 9. A 10. B 11. B 12. C 13. D 14. B 15. D 16. D 17. B 18. C 19. C 20. C 21. C 22. A 23. A 24. C 25. A 26. B 27. B 28. D 29. C 30. D

二、多选题

1. BCD 2. AC 3. BD 4. AC 5. CD 6. ACD 7. ABC 8. ABCD 9. BC 10. AD 11. ACD 12. ABC 13. ACD

三、判断题

1. × 2. × 3. × 4. √ 5. × 6. √ 7. × 8. × 9. × 10. × 11. √ 12. ×

四、业务处理题

1.(1)1月1日借入短期借款时:

借:银行存款　　　　　　　　　　　　　　　　　　　　　2 400
　　贷:短期借款　　　　　　　　　　　　　　　　　　　　　2 400

(2)月末,计提应计利息时:

借:财务费用 12
　　贷:应付利息 12
(3)季度末支付银行借款利息时:
借:财务费用 24
　　应付利息 12
　　贷:银行存款 36
(4)偿还银行借款本金时:
借:短期借款 2 400
　　贷:银行存款 2 400
2. 借:生产成本 2 784 600 (14 000×170×1.17)
　　　管理费用 491 400 (14 000×30×1.17)
　　　贷:应付职工薪酬 3 276 000(14 000×200×1.17)
借:应付职工薪酬 3 276 000
　　贷:主营业务收入 2 800 000
　　　应交税费——应交增值税(销项税额) 476 000
借:主营业务成本 2 000 000
　　贷:库存商品 2 000 000
借:管理费用 60 000
　　贷:应付职工薪酬 60 000
借:应付职工薪酬 60 000
　　贷:累计折旧 20 000
　　　其他应付款 40 000
3.(1)借:制造费用 8
　　　管理费用 2
　　　贷:应付账款 10
(2)借:原材料 100
　　　应交税费——应交增值税(进项税额) 17
　　　贷:应付账款 117
(3)借:管理费用 10
　　　应交税费——应交增值税(进项税额) 1.7
　　　贷:银行存款 11.7
(4)借:在建工程 20
　　　贷:原材料 20
(5)借:固定资产清理 600

累计折旧	200
贷:固定资产	800
借:银行存款	1 110
贷:固定资产清理	1 000
应交税费——应交增值税	110
借:固定资产清理	5
贷:银行存款	5
借:固定资产清理	395
贷:营业外收入	395

4.(1)①20×0年1月1日:

借:银行存款	4 000
贷:长期借款——本金	4 000

②20×0年12月31日:

借:财务费用	200
贷:应付利息	200

③20×1年1月1日:

借:应付利息	200
贷:银行存款	200

④20×1年12月31日:

借:财务费用	200
贷:应付利息	200

⑤20×2年1月1日:

借:应付利息	200
贷:银行存款	200

⑥20×2年12月31日:

借:财务费用	200
贷:应付利息	200

⑦20×3年1月1日:

借:长期借款	4 000
应付利息	200
贷:银行存款	4 200
(2)借:固定资产	3 020
应交税费——应缴增值税(进项税额)	510
贷:银行存款	3530

5.(1)20×0年1月1日发行债券：
借：银行存款   200
    贷：应付债券——面值   200
(2)20×0年6月30日、20×0年12月31日和20×1年6月30日均计提利息：
借：在建工程   6
    贷：应付债券——应计利息   6
(3)20×1年12月31日、20×2年6月30日和20×2年12月31日均计提利息：
借：财务费用   6
    贷：应付债券——应计利息   6
(4)2013年1月1日支付本金和利息：
借：应付债券——面值   200
            ——应计利息   36
    贷：银行存款   236

五、综合题

1.①借：管理费用   1.2
      贷：应付职工薪酬   1.2
  ②借：长期待摊费用   3
      贷：应付职工薪酬   3
  ③借：管理费用   2
      贷：应付职工薪酬   2
    借：应付职工薪酬   2
      贷：累计折旧   2
  ④借：管理费用   87.75
      贷：应付职工薪酬   87.75
    借：应付职工薪酬   87.75
      贷：主营业务收入   73
          应交税费——应交增值税(销项税额)   12.75
    借：主营业务成本   60
      贷：库存商品   60
  ⑤借：生产成本   105
      制造费用   15
      管理费用   20
      销售费用   10
      贷：应付职工薪酬   150

⑥借:应付职工薪酬　　　　　　　　　　　5
　　贷:银行存款　　　　　　　　　　　　5
⑦借:应付职工薪酬　　　　　　　　　　　0.8
　　贷:应交税费——应交个人所得税　　　0.8
⑧借:应付职工薪酬　　　　　　　　　　　0.1
　　贷:库存现金　　　　　　　　　　　　0.1
⑨借:应付职工薪酬　　　　　　　　　　　0.8
　　贷:其他应收款　　　　　　　　　　　0.8
2.(1)借:生产成本　　　　　　　　　　　300
　　　　制造费用　　　　　　　　　　　40
　　　　管理费用　　　　　　　　　　　80
　　　　销售费用　　　　　　　　　　　40
　　　　在建工程　　　　　　　　　　　80
　　　贷:应付职工薪酬——工资　　　　　540
(2)借:应付职工薪酬——非货币性福利　　204
　　贷:库存商品　　　　　　　　　　　　150
　　　　应交税费——应交增值税(销项税额)　34
　　　　应交税费——应交消费税　　　　　20
(3)借:生产成本　　　　　　　　　　　　70.2(300×0.2×1.17)
　　　　制造费用　　　　　　　　　　　4.68(20×0.2×1.17)
　　　　管理费用　　　　　　　　　　　7.02(30×0.2×1.17)
　　　　销售费用　　　　　　　　　　　4.68(20×0.2×1.17)
　　　　在建工程　　　　　　　　　　　11.7(50×0.2×1.17)
　　贷:应付职工薪酬——非货币性福利　　98.28(420×0.2×1.17)
　借:应付职工薪酬——非货币性福利　　　98.28
　　贷:主营业务收入　　　　　　　　　　84
　　　　应交税费——应交增值税(销项税额)　14.28
　借:主营业务成本　　　　　　　　　　　67.2(420×0.16)
　　贷:库存商品　　　　　　　　　　　　67.2
(4)借:管理费用　　　　　　　　　　　　5
　　贷:应付职工薪酬——非货币性福利　　5
　借:应付职工薪酬——非货币性福利　　　3
　　贷:累计折旧　　　　　　　　　　　　3
　借:应付职工薪酬　　　　　　　　　　　2

贷：其他应付款	2
（5）借：其他应付款	2
贷：银行存款	2
（6）借：应付职工薪酬——工资	540
贷：银行存款	495
其他应收款	15
应交税费——应交个人所得税	30
（7）借：应交税费——应交个人所得税	30
贷：银行存款	30
（8）借：应付职工薪酬——职工福利	117
贷：原材料	100
应交税费——应交增值税（进项税额转出）	17
（9）借：库存商品	360
贷：应付账款	300
银行存款	60
（10）借：生产成本	2
贷：应交税费——应交资源税	2

第十一章
Chapter 11

所有者权益

一、单选题

1. 股份有限公司采用溢价发行股票方式筹集资本,其"股本"科目所登记金额是( )。
   A. 实际收到的款项
   B. 实际收到款项减去应付证券商的费用
   C. 股票面值与股份总数的乘积
   D. 实际收到款项加上应付证券商的费用

2. 甲公司收到某单位作价投入的原材料一批,该批原材料实际成本为225 000元,双方确认的价值为230 000元,经税务部门认定应交的增值税为39 100元,甲企业应计入"实收资本"科目的金额为( )元。
   A. 230 000   B. 269 100
   C. 225 000   D. 263 250

3. 某企业20×6年年初未分配利润为-4万元。20×6年年末该企业税前利润为54万元,其所得税率为25%,本年按净利润的10%、5%分别提取法定盈余公积、任意盈余公积,向投资者分配利润10.5万元。若该企业用税前利润弥补亏损,则20×6年年末未分配利润为( )万元。
   A. 35   B. 29.75
   C. 18.73   D. 21.38

4. 某有限责任公司由A、B两个股东各出资50万元而设立,设立时实收资本为100万元,经过3年营运,该公司盈余公积和未分配利润合计为50万元,这时C投资者有意参加,经各方协商以90万元出资占该公司所有者权益总额的1/3比例,该公司在接受C投资者投资时,应借记"银行存款"科目90万元,贷记( )。
   A. "实收资本"科目90万元
   B. "实收资本"科目75万元,"资本公积"科目15万元

C."实收资本"科目50万元,"资本公积"科目40万元

D."实收资本"科目65万元,"资本公积"科目25万元

5.有限责任公司在增资扩股时,如果有新投资者介入,新介入的投资者缴纳的出资额大于其按约定比例计算的其在注册资本中所占的份额部分,作为( )处理。

A.盈余公积　　　　　　　　　B.实收资本

C.未分配利润　　　　　　　　D.资本公积

6.下列会计事项中,会引起企业所有者权益总额发生变化的是( )

A.从净利润中提取盈余公积　　B.向投资者分配股票股利

C.向投资者分配现金股利　　　D.用任意盈余公积转增资本

7.甲股份有限公司注册资本为2 500万元,20×6年实现的净利润400万元,年初"未分配利润"明细科目借方余额50万元,20×6年提取盈余公积前法定盈余公积的累计额为500万元,则该公司20×6年按规定应提取的法定盈余公积的数额为( )万元。

A.40　　　　　　　　　　　　B.35

C.250　　　　　　　　　　　D.0

8.下列利润分配顺序中,正确的是( )。

A.提取法定盈余公积、提取任意盈余公积、分配优先股股利

B.提取任意盈余公积、提取法定盈余公积、分配优先股股利

C.分配优先股股利、提取法定盈余公积、提取任意盈余公积

D.提取法定盈余公积、分配优先股股利、提取任意盈余公积

9.下列各项中,应计入"资本公积"科目借方的是( )。

A.以资本公积转增资本

B.无法支付的应付账款

C.接受甲投资者以库存现金投资100万元,投资协议约定其在注册资本中占60万元

D.接受甲投资者投入一项专利技术,投资各方确认的价值超过其在注册资本中所占的份额

10.某公司委托证券公司代理发行普通股股票1 200万股,每股面值2元,按每股3元的价格发行,受托单位按发行收入的1%收取手续费,并从发行收入中扣除。假如企业股款已经收到,该企业实际收到的款项为( )万元。

A.2 376　　　　　　　　　　B.12

C.1 200　　　　　　　　　　D.3 564

二、多选题

1.某企业注册资本为200万元,下列各投资者的出资符合相关法律法规要求的有( )。

A. 甲投资现金 30 万元已存入银行

B. 乙投资一栋厂房,投资各方确认的价值为 65 万元

C. 丁投入工业产权一项,投资各方确认的价值为 70 万元

D. 丙投资原材料若干,投资各方确认的价值为 30 万元,增值税税额为 5 万元

2. 若企业发生亏损,下列各项属于弥补亏损的渠道的有( )。

A. 用以后的 5 年税前利润弥补   B. 用 5 年后税后利润弥补

C. 以盈余公积弥补亏损   D. 以公益金弥补亏损

3. 下列各项中,能同时引起资产和利润减少的项目有( )。

A. 计提短期借款的利息   B. 计提行政管理部门固定资产的折旧

C. 计提坏账准备   D. 无形资产摊销

4. 法定盈余公积的主要用途有( )。

A. 对外捐赠   B. 弥补亏损

C. 转增资本   D. 用于集体福利设施

5. 以下各项中,会使所有者权益发生变化的是( )。

A. 当年发生亏损   B. 用盈余公积弥补以前年度亏损

C. 宣告分配现金股利   D. 盈余公积转增资本

6. 下列各项中,能增加企业的所有者权益,同时减少企业负债的有( )。

A. 根据股东大会的决议用盈余公积分配现金股利

B. 根据股东大会的决议用当年的净利润分配现金股利

C. 确认无法支付的应付账款

D. 国家拨入的专门用于技术改造的项目完成,将专项拨款转入资本公积

7. 公司发行股票支付的手续费、佣金等发行费用,其正确的会计处理有( )。

A. 从溢价中抵销

B. 计入管理费用

C. 计入财务费用

D. 溢价不足以支付的部分,直接计入当期的财务费用

8. 下列关于可供出售的金融资产的表述中,正确的有( )。

A. 可供出售金融资产的公允价值变动应计入当期损益

B. 可供出售金融资产发生的减值损失应计入当期损益

C. 取得可供出售金融资产发生的交易费用应直接计入资本公积

D. 处置可供出售金融资产时,以前期间因公允价值变动计入资本公积的金额应转入当期损益

9. 下列各项中,构成留存收益的有( )。

A. 资本溢价   B. 未分配利润

C. 任意盈余公积　　　　　　　　D. 法定盈余公积

10. 所有者权益与负债有显著区别,主要表现在(　　)。

A. 债权人对企业资产的要求权优先于所有者权益

B. 企业的投资者可以凭借对企业的所有权,参与该企业的经营管理,而债权人往往无权参与企业的经营管理

C. 对于所有者来说,在企业持续经营的情况下,除按法律程序减资外,一般不能提前撤回资产,而负债一般都有规定的偿还期限,必须一定时期偿还

D. 投资者以股利或利润的形式参与企业的利润分配,而债权人通常不能参与企业的利润分配,只能按规定的条件得到偿付并获得利息收入

三、判断题

1. 企业增资扩股时,投资者投入的大于其按约定比例计算的其在注册资本中所占的份额部分,应该计入"实收资本"科目。（　　）
2. 企业宣告发放现金股利和股票股利时,应作为负债和利润分配处理。（　　）
3. "利润分配——分配利润"科目的年末贷方余额,反映企业累积未弥补亏损的数额。（　　）
4. 收入能导致企业所有者权益增加,但导致所有者权益增加的不一定是收入。（　　）
5. 某企业年初有未弥补亏损20万元,当年实现净利润10万元。按有关规定,该年不得提取法定盈余公积。（　　）
6. 资本公积经批准后可以用于发放现金股利。（　　）
7. 企业回购股票时,如果购回股票支付的价款低于面值总额的,所注销库存股的账面余额与所冲减股本的差额作为增加资本或股本溢价处理。（　　）
8. 直接计入所有者权益的利得和损失是指不应计入当期损益、会导致所有者权益发生增减变动的、与所有者投入资本或者向所有者分配利润有关的利得和损失。（　　）
9. 按照我国法律规定,投资者设立企业必须首先投入资本。（　　）
10. 企业收到国家拨入的专门用于技术改造、技术研究的拨款项目完成后,其形成各项资产的部分,按规定转入实收资本。（　　）

四、业务处理题

1. 蓝天公司20×6年12月31日的股本为20 000万股,每股面值为1元,资本公积(股本溢价)5 000万元,盈余公积3 000万元。经股东大会批准,该公司以现金回购本公司股票3 000万股并注销。

要求:

(1) 假定每股回购价为0.9元,编制回购股票和购销股票的会计分录。

(2)假定每股回购价为1.5元,编制回购股票和购销股票的会计分录。
(3)假定每股回购价为4元,编制回购股票和购销股票的会计分录。
2.蓝天公司20×6年度的有关资料如下:
(1)年初未分配利润为120万元,本年利润总额为590万元,适用企业所得税税率为25%。按税法规定本年度准予扣除的业务招待费为25万元,实际发生业务招待费35万元。除此之外,不存在其他纳税调整因素。
(2)按税后利润的10%提取法定盈余公积。
(3)提取任意盈余公积金10万元。
(4)向投资者宣告分配现金股利50万元。
要求:
(1)计算蓝天公司本期所得税费用,并编制相应的会计分录。
(2)编制蓝天公司提取法定盈余公积的会计分录。
(3)编制蓝天公司提取任意盈余公积的会计分录。
(4)编制蓝天公司向投资者宣告分配现金股利的会计分录。
(5)计算年末未分配利润。
3.蓝天公司属于工业企业,为增值税一般纳税人,由A、B、C三位股东于20×4年12月31日共同出资成立,注册资本为1 600万元。出资协议规定,A、B、C三位股东出资比例分别为45%、30%和25%。有关资料如下:
(1)20×4年12月31日3位股东的出资方式及出资额见下表(各位股东的出资已全部到位,并经中国注册会计师验证,有关法律手续已经办妥)。

三位股东出资方式及出资额

万元

出资者	货币资金	实物资产	无形资产	合计
A	570		150(专利权)	720
B	280	200(设备)		480
C	340	60(轿车)		400
合计	1 190	260	150	1 600

(2)20×5年蓝天公司实现净利润800万元,决定分配现金股利200万元,计划在20×6年2月10日支付。
(3)20×6年12月31日,吸收D股东加入本公司,将蓝天公司注册资本由原1 600万元增加到2 000万元。D股东以银行存款200万元、原材料117万元(增值税专用发票中注明材

料计税价格为100万元,增值税税额为17万元)出资,占增资后注册资本10%的股份,其余的200万元增资由A、B、C3位股东按原持有比例以银行存款出资。20×6年12月31日,4位股东的出资已全部到位,并取得D股东开出的增值税专用发票,有关法律手续已经办妥。

要求:

(1)编制蓝天公司20×4年12月31日收到投资者投入资本的会计分录("实收资本"科目要求写出明细科目)。

(2)编制蓝天公司20×5年决定分配现金股利的会计分录("应付股利"科目要求写出明细科目)。

(3)计算蓝天公司20×6年12月31日吸收D股东出资时产生的资本公积。

(4)编制蓝天公司20×6年12月31日增资吸收到A、B、C3位股东追加投资和D股东出资的会计分录。

(5)计算蓝天公司20×6年12月31日增资扩股后各位股东的持股比例。

(答案金额单位用万元表示)

参考答案

一、单选题

1.C 2.B 3.D 4.C 5.B 6.C 7.B 8.D 9.A 10.D

二、多选题

1.ABD 2.ABC 3.BCD 4.BC 5.AC 6.CD 7.AD 8.BD 9.BCD 10.ABCD

三、判断题

1.× 2.× 3.× 4.√ 5.√ 6.× 7.√ 8.× 9.√ 10.×

四、业务处理题

1.(1)①回购。

借:库存股	2 700
贷:银行存款	2 700

②注销。

借:股本	3 000
贷:库存股	2 700
资本公积——股本溢价	300

(2)①回购。

借:库存股	4 500
贷:银行存款	4 500

②注销。

借:股本	3 000
资本公积——股本溢价	1 500

贷:库存股　　　　　　　　　　　　　　　　　　4 500
(3)①回购。
　　借:库存股　　　　　　　　　　　　　　　　　　12 000
　　　贷:银行存款　　　　　　　　　　　　　　　　12 000
②注销。
　　借:股本　　　　　　　　　　　　　　　　　　　3 000
　　　资本公积——股本溢价　　　　　　　　　　　　5 000
　　　盈余公积　　　　　　　　　　　　　　　　　　4 000
　　　贷:库存股　　　　　　　　　　　　　　　　　12 000
(注:分录中单位为万元)

2.(1)按税法规定本年度准予扣除的业务招待费为25万元,实际发生业务招待费35万。甲公司本期所得税费用=[590+(35-25)]×25%=150(万元)
　　借:所得税　　　　　　　　　　　　　　　　　　150
　　　贷:应交税费——应交所得税　　　　　　　　　150
(2)甲公司本年的净利润=590-150=440(万元)
提取法定盈余公积=440×10%=44(万元)
　　借:利润分配——提取法定盈余公积　　　　　　　44
　　　贷:盈余公积——法定盈余公积　　　　　　　　44
(3)借:利润分配——提取任意盈余公积　　　　　　　10
　　　贷:盈余公积——任意盈余公积　　　　　　　　10
(4)借:利润分配　　　　　　　　　　　　　　　　　50
　　　贷:应付股利　　　　　　　　　　　　　　　　50
(5)年末未分配利润=120+(590-150-44-10-50)=456(万元)
(注:分录中单位为万元)

3.(1)借:银行存款　　　　　　　　　　　　　　　　1 190
　　　　固定资产　　　　　　　　　　　　　　　　　260
　　　　无形资产　　　　　　　　　　　　　　　　　150
　　　贷:实收资本——A　　　　　　　　　　　　　　720
　　　　　　　　——B　　　　　　　　　　　　　　　480
　　　　　　　　——C　　　　　　　　　　　　　　　400
(2)借:利润分配　　　　　　　　　　　　　　　　　200
　　　贷:应付股利——A　　　　　　　　　　　　　　90
　　　　　　　　——B　　　　　　　　　　　　　　　60
　　　　　　　　——C　　　　　　　　　　　　　　　50

(3)20×6年12月31日D股东出资时产生的资本公积=(200+117)-2 000×10%=117(万元)

(4)借:银行存款   400
  原材料   100
  应交税费——应交增值税(进项税额) 17
  贷:实收资本——A   90
     ——B   60
     ——C   50
     ——D   200
    资本公积   117

(5)20×6年12月31日后各股东的持股比例如下:

A:(720+90)÷2 000×100=40.5%

B:(480+60)÷2 000×100=27%

C:(400+50)÷2 000×100=22.5%

D:D=200÷2 000×100%=10%

(注:分录中单位为万元)

第十二章
Chapter 12

收　入

一、单选题

1.宇通公司和远东公司为增值税一般纳税人,适用的增值税税率为17%,20×6年6月1日,宇通公司委托远东公司销售300件商品,协议价为每件80元,该商品的成本为50元。代销协议约定,远东公司在取得代销商品后,无论是否能够卖出、是否获利,均与宇通公司无关,商品已经发出,货款已经收到。则宇通公司在20×6年6月1日应确认的收入为(　　)元。

　　A.0　　　　　　　　　　　　B.24 000
　　C.15 000　　　　　　　　　　D.28 080

2.甲公司销售产品每件440元,若客户购买200件(含100件)以上可得到40元的商业折扣。某客户20×6年8月8日购买该企业产品200件,按规定现金折扣条件为2/10、1/20、n/30。适用的增值税税率为17%。该企业于8月24日收到该笔款项时,则实际收到的款项为(　　)元。(假定计算现金折扣时考虑增值税)

　　A.93 600　　　　　　　　　　B.936
　　C.102 960　　　　　　　　　D.92 664

3.在视同买断方式下委托代销商品的,受托方没有将商品售出时可以将商品退回给委托方,或受托方因代销商品出现亏损时可以要求委托方补偿,那么下列各项中委托方处理正确的是(　　)。

　　A.在交付商品时不确认收入,委托方收到代销清单时确认收入
　　B.在交付商品时确认收入
　　C.不做任何处理
　　D.只核算发出商品的处理

4.企业对外销售需要安装的商品时,若安装和检验属于销售合同的重要组成部分,则确认该商品销售收入的时间是(　　)。

　　A.商品运抵并开始安装时

B. 发出商品时

C. 商品安装完毕并检验合格时

D. 收到商品销售货款时

5. Y 公司本月销售情况如下:(1)现款销售 10 台,总售价 100 000 元(不含增值税,下同)已入账;(2)需要安装的销售 2 台,总售价 30 000 元,款项尚未收取,安装任务构成销售业务的主要组成部分,安装尚未完成;(3)附有退货条件的销售 2 台,总售价 23 000 元已入账,退货期 3 个月,退货的可能性难以估计。Y 公司本月应确认的销售收入是(　　)元。

  A. 100 000   B. 140 000

  C. 163 000   D. 183 000

6. 某企业销售商品 6 000 件,每件售价 60 元,增值税税率为 17%;企业为购货方提供的商业折扣为 10%,提供的现金折扣条件为 2/10、1/20、n/30,并代垫运杂费 500 元。该企业在这项交易中应确认的收入金额为(　　)元。

  A. 320 000   B. 308 200

  C. 324 000   D. 320 200

7. 企业让渡资产使用权所计提的摊销额等,一般应该计入(　　)。

  A. 营业外支出   B. 主营业务成本

  C. 其他业务成本   D. 管理费用

8. A 企业 20×6 年 8 月 10 日收到 B 公司因质量问题而退回的商品 10 件,每件商品成本为 100 元。该批商品系 A 公司 20×6 年 5 月 13 日出售给 B 公司,每件商品售价为 230 元,适用的增值税税率为 17%,货款尚未收到,A 公司尚未确认销售商品收入。因 B 公司提出的退货要求符合销售合同约定,A 公司同意退货。A 公司应在验收退货入库时做的会计处理为(　　)。

  A. 借:库存商品   1 000

    贷:主营业务成本   1 000

  B. 借:主营业务收入   2 691

    贷:应收账款   2 691

  C. 借:库存商品   1 000

    贷:发出商品   1 000

  D. 借:应交税费——应交增值税(销项税额) 391

    贷:应收账款   391

9. 下列关于收入的说法中不正确的是(　　)。

  A. 收入是企业在日常活动中形成的经济利益的总流入

  B. 收入会导致企业所有者权益的增加

  C. 收入形成的经济利益总流入的形式多种多样,既可能表现为资产的增加,也可能表现

为负债的减少

D. 收入与所有者投入资本有关

10. 下列各项中,符合收入要素定义的是(　　)。

A. 出售固定资产取得的价款
B. 因其他企业违约收取罚款
C. 出售原材料取得的价款
D. 确认的政府补助利得

二、多选题

1. 关于政府补助的计量,下列说法中正确的有(　　)。

A. 政府补助为货币性资产的,应当按照收到或应收的金额计算
B. 政府补助为非货币性资产的,公允价值能够可靠计量时,应当公允价值计量
C. 政府补助为非货币性资产的,应当按照账面价值计量
D. 政府补助为非货币性资产的,若没有注明价值且没有活跃交易市场、不能可靠取得公允价值的,应当按照名义金额计量

2. 有关政府补助的表述正确的有(　　)。

A. 与收益相关的政府补助,用于补偿企业以后期间的相关费用或损失的,取得时认为递延收益,在确认相关费用的期间计入当期损益(营业外收入)
B. 与收益相关的政府补助,用于补偿企业已发生的相关费用或损失的,取得时直接计入当期损益(营业外收入)
C. 政府补助为非货币性资产的,应当按照公允价值计量
D. 公允价值不能可靠取得的,按照名义金额计量

3. 下列各项收入中,属于工业企业的其他业务收入的有(　　)。

A. 提供运输劳务所取得的收入
B. 提供加工装配劳务所取得的收入
C. 出租无形资产所取得的收入
D. 销售材料产生的收入

4. 提供劳务交易的结果能够可靠估计,应同时满足的条件包括(　　)。

A. 收入的金额能够可靠地计量
B. 相关的经济利益很可能流入企业
C. 交易中已发生的成本能够可靠地计量
D. 交易中将发生的成本能够可靠地计量

5. 关于提供劳务收入的确认计量,下列说法中错误的有(　　)。

A. 艺术表演、招待宴会和其他特殊活动的收费,应在相关活动发生时确认收入
B. 申请入会费和会员费只取得了会籍,所有其他服务或商品都要另行收费的,应在款项收回不存在重大不确定性时确认收入

C.属于提供设备和其他有形资产的特许权费,应在提供服务时确认收入
D.长期为客户提供重复的劳务收取的劳务费,应在收到款项时确认收入

6.采用累计实际发生的合同成本占合同预计总成本的比例确定合同完工进度的,累计实际发生的合同成本包括的内容有(　　)。
A.施工中使用的材料成本
B.施工中发生的人工成本
C.施工中尚未安装或使用的材料成本
D.在分包工程的工作量完成之前预付给分包单位的款项

7.关于建造合同收入,下列说法中正确的有(　　)。
A.在资产负债表日,应当按照合同总收入乘以完工进度扣除以前会计期间累计已确认收入后的金额,确认为当期合同收入
B.在资产负债表日,应当按照合同总收入乘以完工进度确认为当期合同收入
C.前期开始当期完成的建造合同,应当按照实际合同总收入扣除以前会计期间累计已确认收入后的金额,确认为当期合同收入
D.前期开始当期完成的建造合同,应当按照实际合同总收入确认为当期合同收入

8.按照建造合同的规定,下列属于合同收入的内容是(　　)。
A 合同中规定的初始收入　　　　B.客户预付的定金
C 因奖励形成的收入　　　　　　D.因客户违约产生的罚款收入

9.下列有关销售商品收入,不正确的有(　　)。
A.在采用支付手续费的委托代销方式下销售商品,发出商品时确认收入
B.当期售出的商品被退回时,直接冲减退回当期的收入、成本等相关项目
C.当期售出的商品发生销售折让时,直接将发生的销售折让作为当期的销售费用处理
D.当期售出的商品发生销售折让时,直接将发生的销售折让冲减当期的收入和税金

10.下列关于收入确认时点的说法中正确的有(　　)。
A.凡销售商品采用托收承付方式的,在办妥托收手续时确认收入
B.交款提货销售商品的,在开出发票账单收到货款时确认收入
C.采用预收款方式销售商品,应在收到款项时确认收入
D.采用支付手续费方式委托代销商品,应在收到代销清单时确认收入

三、判断题

1.对需要安装的商品的销售,必须在安装和检验完毕后确认收入。(　　)
2.企业出售无形资产和出租无形资产取得的收益,均应作为其他业务收入核算。(　　)
3.销售收入已经确认后发生的现金折扣和销售折让(非资产负债表日后事项),均应在实际发生时计入当期财务费用。(　　)

4. 如果企业保留与商品所有权相联系的继续管理权,则在发出商品时不能确认该项商品销售收入。（ ）

5. 属于提供设备和其他有形资产的特许权收入,应当与销售商品价款一并确认收入。（ ）

6. 如果劳务的开始和完成分属不同的会计年度,就必须按完工百分比法确认收入。（ ）

7. 代销商品中,受托方将商品销售后,按实际售价确认为销售收入,并向委托方开具代销清单。（ ）

8. 商品需要安装和检验的销售,如果安装程序比较简单,或检验是为最终确定合同价格必须进行的程序,则可以在商品发出时或在商品装运时确认收入。（ ）

9. 在采用完工百分比法确认劳务收入时,其相关的销售成本应以实际发生的全部成本确认。（ ）

10. 企业销售商品一批,并已收到款项,即使商品的成本不能够可靠地计量,也要确认相关的收入。（ ）

11. 企业为客户提供的现金折扣应在实际发生时冲减当期收入。（ ）

12. 增值税进项税额是销项税额的抵扣项目,是不会影响销售收入的。（ ）

13. A 公司将一批商品销售给 B 公司,按合同规定 A 公司仍保留通常与所有权相联系的继续管理权和对已售出的商品实施控制。因而,A 公司不能确认收入。（ ）

14. 企业的收入包括主营业务收入、其他业务收入和营业外收入。（ ）

四、业务处理题

1. 甲公司为增值税一般纳税企业,适用的增值税税率为 17%。20×6 年 3 月 1 日,向乙公司销售某商品 1 000 件,每件标价 2 000 元,实际售价 1 800 元(售价中不含增值税额),已开出增值税专用发票,商品已交付给乙公司。为了及早收回货款,甲公司在合同中规定的现金折扣条件为 2/10、1/20、n/30。假定计算现金折扣不考虑增值税。

要求:
(1) 编制甲公司销售商品时分录。
(2) 根据以下假定,分别编制甲公司收到款项时的会计分录(不考虑成本的结转)。
① 乙公司在 3 月 8 日付款。
② 乙公司在 3 月 19 日付款。
③ 乙公司在 3 月 29 日付款。

2. 甲、乙两企业均为增值税一般纳税人,增值税税率均为 17%。20×6 年 3 月 6 日,甲企业与乙企业签订代销协议,甲企业委托乙企业销售 A 商品 500 件,A 商品的单位成本为每件 350 元。代销协议规定,乙企业应按每件 A 商品 585 元(含增值税)的价格售给顾客,甲企业按不含增值税售价的10%向乙企业支付手续费。4月1日,甲企业收到乙企业交来的代销清单,代销清单中注明:实际销售A商品400件,商品售价为200 000元,增值税税额为34 000元。当日甲企业向乙企业开具金额相等的增值税专用发票。4月6日,甲企业收到乙企业支付的已扣除手续费的商品代销款。

要求:做出委托方的账务处理。

参考答案

一、单选题

1. B　2. D　3. A　4. C　5. A　6. C　7. C　8. C　9. D　10. C

二、多选题

1. ABD　2. ABCD　3. ACD　4. ABCD　5. CD　6. AB　7. AC　8. AC　9. AC　10. ABC

三、判断题

1. ×　2. ×　3. ×　4. √　5. ×　6. ×　7. ×　8. √　9. ×　10. ×　11. ×　12. √　13. √　14. ×

四、业务处理题

1. (1)甲公司销售商品时:

借:应收账款　　　　　　　　　　　　　　　　　　　　　　2 106 000

　　贷:主营业务收入　　　　　　　　　　　　　　　　　　1 800 000

　　　　应交税费——应交增值税(销项税额)　　　　　　　306 000

(2)① 乙公司在3月8日付款,享受36 000元的现金折扣(即1 800 000×2%):

借:银行存款　　　　　　　　　　　　　　　　　　　　　　2 070 000

　　财务费用　　　　　　　　　　　　　　　　　　　　　　36 000

　　贷:应收账款　　　　　　　　　　　　　　　　　　　　2 106 000

② 乙公司在3月19日付款,享受18 000元的现金折扣(即1 800 000×1%):

借:银行存款　　　　　　　　　　　　　　　　　　　　　　2 088 000

　　财务费用　　　　　　　　　　　　　　　　　　　　　　18 000

　　贷:应收账款　　　　　　　　　　　　　　　　　　　　2 106 000

③ 乙公司在3月29日付款,不能享受现金折扣,应全额付款:

借:银行存款　　　　　　　　　　　　　　　　　　　　　　2 106 000

　　贷:应收账款　　　　　　　　　　　　　　　　　　　　2 106 000

2. (1)发出商品的会计分录。

借:委托代销商品　　　　　　　　　　　　　　　　　　　　175 000

　　贷:库存商品　　　　　　　　　　　　　　　　　　　　175 000

(2)收到代销清单时确认销售收入、增值税、手续费支出以及结转销售成本的会计分录。

借:应收账款　　　　　　　　　　　　　　　　　　　　　　234 000

贷:主营业务收入	200 000
应交税费——应交增值税(销项税额)	34 000
借:销售费用	20 000
贷:应收账款	20 000
借:主营业务成本	140 000
贷:委托代销商品	140 000

(3)收到商品代销款的会计分录。

借:银行存款	214 000
贷:应收账款	214 000

第十三章

Chapter 13

费　　用

一、单选题

1. 下列各项中,不属于费用的是(　　)。
   A. 经营性租出固定资产的折旧额　　　　B. 销售过程中发生的运输费
   C. 企业发生的现金折扣　　　　　　　　D. 出售固定资产发生的净损失

2. 下列各项税金中,应计入"税金及附加"科目的是(　　)。
   A. 消费税　　　　　　　　　　　　　　B. 增值税
   C. 房产税　　　　　　　　　　　　　　D. 印花税

3. 随同产品出售且单独计价的包装物,应于包装物发出时结转其成本,计入(　　)科目。
   A. "销售费用"　　　　　　　　　　　　B. "其他业务成本"
   C. "管理费用"　　　　　　　　　　　　D. "营业外支出"

4. 甲工业企业产品售价每件460元,若客户购买达到200件及以上的,可得到每件40元的商业折扣。某客户20×6年12月10日购买该企业产品200件,按规定现金折扣条件为2/10、1/20、n/30。适用的增值税税率为17%。该企业于12月26日收到该笔款项时,应确认的财务费用金额为(　　)元。(假定计算现金折扣时考虑增值税)
   A. 840　　　　　　　　　　　　　　　　B. 0
   C. 1 965.6　　　　　　　　　　　　　　D. 982.8

5. 某企业某月销售商品发生商业折扣40万元、现金折扣30万元、销售折让50万元。该企业上述业务计入当月财务费用的金额为(　　)万元。
   A. 30　　　　　　　　　　　　　　　　B. 40
   C. 70　　　　　　　　　　　　　　　　D. 90

6. 企业专设销售机构固定资产的折旧费应计入(　　)科目。
   A. "其他业务成本"　　　　　　　　　　B. "制造费用"
   C. "销售费用"　　　　　　　　　　　　D. "管理费用"

7. 超支的广告费应计入( )。
   A. 营业外支出   B. 销售费用
   C. 财务费用   D. 管理费用
8. 下列各项中,不属于企业期间费用的有( )。
   A. 固定资产维修费   B. 聘请中介机构费
   C. 生产车间管理人员工资   D. 企业发生的现金折扣
9. 甲企业20×6年3月份发生的费用有:计提车间管理人员工资费用50万元,发生管理部门人员工资30万元,支付广告宣传费用40万元,筹集外币资金发生汇兑损失10万元,支付固定资产维修费用15万元。则该企业当期的期间费用总额为( )万元。
   A. 95   B. 130
   C. 140   D. 145
10. 下列各项中,应计入其他业务成本的是( )。
    A. 库存商品盘亏净损失   B. 经营租出固定资产折旧
    C. 向灾区捐赠的商品成本   D. 火灾导致原材料毁损净损失
11. 下列各项中,不应计入销售费用的是( )。
    A. 已售商品预计保修费用
    B. 为推广新产品而发生的广告费用
    C. 随同商品出售且单独计价的包装物成本
    D. 随同商品出售而不单独计价的包装物成本
12. 企业发生的下列费用中,应计入销售费用的是( )。
    A. 广告费   B. 业务招待费
    C. 矿产资源补偿费   D. 研究费
13. 下列各项中,应计入管理费用的是( )。
    A. 筹建期间的开办费   B. 预计产品质量保证损失
    C. 生产车间管理人员工资   D. 专设销售机构的固定资产修理费
14. 下列各项中,应列为管理费用处理的是( )。
    A. 自然灾害造成的流动资产净损失 B. 筹建期间内发生的开办费
    C. 预提产品质量保证费用   D. 广告费
15. 某企业某月销售商品发生商业折扣20万元、现金折扣15万元、销售折让25万元。该企业上述业务计入当月财务费用的金额为( )万元。
    A. 15   B. 20
    C. 35   D. 45
16. 某企业20×6年3月份发生的费用有:计提车间用固定资产折旧10万元,发生车间管理人员工资40万元,支付广告费用30万元,预提短期借款利息20万元,支付矿产资源补偿费

121

10万元。则该企业当期的期间费用总额为( )万元。
A. 50   B. 60
C. 100   D. 110
17. 企业专设销售机构人员的工资应计入( )账户。
A. 管理费用   B. 销售费用
C. 主营业务成本   D. 其他业务成本
18. 生产车间管理人员的工资应计入( )。
A. 制造费用   B. 销售费用
C. 管理费用   D. 其他业务成本

二、多选题

1. 企业销售商品交纳的下列各项税费,计入"税金及附加"科目的有( )。
A. 消费税   B. 增值税
C. 教育费附加   D. 城市维护建设税
2. 企业交纳的下列各项税金中,可能通过"税金及附加"科目核算的有( )。
A. 增值税销项税额   B. 消费税
C. 城市维护建设税   D. 印花税
3. 下列各项中,应计入销售费用的有( )。
A. 销售商品发生的商业折扣
B. 采用一次摊销法结转首次出借新包装物成本
C. 结转出租包装物因不能使用而报废的残料价值
D. 结转随同商品出售但不单独计价的包装物成本
4. 下列各项中,应作为管理费用核算的有( )。
A. 固定资产报废净损失
B. 计提的固定资产减值准备
C. 已达到预定可使用状态尚未投入使用的职工宿舍计提的折旧
D. 由企业统一负担的公司经费
5. 下列各项中,不应计入管理费用的有( )。
A. 总部办公楼折旧   B. 生产设备改良支出
C. 经营租出专用设备的修理费   D. 专设销售机构房屋的修理费
6. 下列各项费用中,应通过"管理费用"科目核算的有( )。
A. 诉讼费   B. 研究费用
C. 业务招待费   D. 日常经营活动聘请中介机构费
7. 下列各项中,应计入财务费用的有( )。

A. 企业发行股票支付的手续费　　　　　B. 企业支付的银行承兑汇票手续费
C. 企业购买商品时取得的现金折扣　　　D. 企业销售商品时发生的现金折扣

8. 下列费用中不应计入产品成本的有(　　)。
A. 直接材料和直接人工　　　　　　　　B. 企业行政管理部门设备折旧费用
C. 行政管理人员工资　　　　　　　　　D. 技术转让费

9. 下列各项中,属于企业期间费用的有(　　)。
A. 销售费用　　　　　　　　　　　　　B. 制造费用
C. 管理费用　　　　　　　　　　　　　D. 财务费用

10. 下列各项中,不应确认为财务费用的有(　　)。
A. 企业筹建期间的借款费用　　　　　　B. 资本化的借款利息支出
C. 销售商品发生的商业折扣　　　　　　D. 支付的银行承兑汇票手续费

11. 下列各项中,属于其他业务成本核算内容的有(　　)。
A. 随同产品出售单独计价的包装物的成本
B. 出租无形资产支付的服务费
C. 销售材料结转的材料成本
D. 出售无形资产结转的无形资产的摊余价值

12. 下列各项税金中,应通过"主营业务税金及附加"科目核算的有(　　)。
A. 提供劳务应交的增值税　　　　　　　B. 销售不动产应交的增值税
C. 销售产品应交的消费税　　　　　　　D. 一般纳税企业销售产品应交的增值税

13. 下列各项费用中,应计入销售费用的有(　　)。
A. 咨询费　　　　　　　　　　　　　　B. 业务招待费
C. 广告费　　　　　　　　　　　　　　D. 展览费

14. 下列各项中,应计入管理费用的有(　　)。
A. 管理人员工资及福利费　　　　　　　B. 在建工程人员的工资及福利费
C. 业务招待费　　　　　　　　　　　　D. 技术转让费

15. 根据印花税法律制度的规定,下列各项中,属于印花税征税范围的有(　　)。
A. 土地使用权出让合同　　　　　　　　B. 土地使用权转让合同
C. 商品房销售合同　　　　　　　　　　D. 房屋产权证

16. 根据印花税法律制度的规定,下列各项中,属于印花税征税范围的有(　　)。
A. 工商营业执照　　　　　　　　　　　B. 土地使用权出让合同
C. 土地使用证　　　　　　　　　　　　D. 商品房销售合同

17. 根据印花税法律制度的规定,下列各项中,按照"产权转移书据"税目征收印花税的有(　　)。
A. 土地使用权出让合同　　　　　　　　B. 土地使用权转让合同

C. 商品房销售合同　　　　　　　　D. 购销合同

三、判断题

1. 企业出售原材料取得的款项扣除其成本及相关费用后的净额,应当计入营业外收入或营业外支出。（　）
2. 企业为客户提供的现金折扣应在实际发生时冲减当期收入。（　）
3. 工业企业为拓展销售市场所发生的业务招待费,应计入管理费用。（　）
4. 制造费用与管理费用不同,本期发生的管理费用直接影响本期损益,而本期发生的制造费用不一定影响本期的损益。（　）
5. 管理费用、制造费用和销售费用都属于企业的期间费用。（　）
6. 企业出售固定资产发生的处置净损失属于企业的费用。（　）
7. 企业向银行或其他金融机构借入的各种款项所发生的利息均应计入财务费用。（　）
8. 制造费用和管理费用都是本期发生的生产费用,因此,均应计入当期损益。（　）
9. 按企业会计准则规定,企业发生的销售折让应作为财务费用处理。（　）
10. 不论合同是否兑现或能否按期兑现,都应当缴纳印花税。（　）

四、业务处理题

1. 某企业20×6年3月份发生的业务有：
(1) 发生无形资产研究费用10万元。
(2) 发生专设销售部门人员工资25万元。
(3) 支付业务招待费15万元。
(4) 支付销售产品保险费5万元。
(5) 计算本月应交纳的城市维护建设税0.5万元。
(6) 支付本月未计提短期借款利息0.1万元。
假设不考虑其他事项。
要求:说明各项经济业务应该计入的科目,并计算该企业3月份发生的期间费用总额。

2. 天岳公司20×5年12月与固定资产、无形资产有关的业务如下：
(1) 20×5年12月1日经营租出一项无形资产,无形资产的账面价值是120万元,预计使用年限是10年,预计净残值为0元。
(2) 20×5年12月20日购入一台设备供销售部门使用,采用年数总和法计提折旧。该设备原价160万元,预计使用年限5年,预计净残值10万元。

要求:

(1)计算天岳公司20×6年1月应计提的折旧额和摊销额。

(2)编制天岳公司20×6年1月计提折旧和摊销的会计分录。

(答案中的金额单位用万元表示,计算结果有小数的保留两位小数)

3.甲股份有限公司(以下简称甲公司)为增值税一般纳税人,适用的增值税税率为17%,销售单价均为不含增值税价格。

甲公司20×6年10月发生如下业务:

(1)10月3日,向乙企业赊销A产品100件,单价为40 000元,单位销售成本为20 000元。

(2)10月15日,向丙企业销售材料一批,价款为700 000元,该材料发出成本为500 000元。上月已经预收账款600 000元。当日丙企业支付剩余货款。

(3)10月18日,丁企业要求退回本年9月25日购买的40件B产品。该产品销售单价为40 000元,单位销售成本为20 000元,其销售收入1 600 000元已确认入账,价款已于销售当日收取。经查明退货原因系发货错误,同意丁企业退货,并办理退货手续和开具红字增值税专用发票,并于当日退回了相关货款。

(4)10月20日,收到外单位租用本公司办公用房下一年度租金300 000元,款项已收存银行。

(5)10月31日,计算本月应交纳的城市维护建设税36 890元,其中销售产品应交纳28 560元,销售材料应交纳8 330元;教育费附加15 810元,其中销售产品应交纳12 240元,销售材料应交纳3 570元。

要求:

(1)根据上述(1)~(5)业务编制相关的会计分录。

(2)计算甲公司20×6年10月份发生的费用金额。

(答案中的金额以元为单位;"应交税费"科目须写出二级和三级明细科目,其他科目可不写出明细科目)

参考答案

一、单选题

1.D 2.A 3.B 4.D 5.A 6.C 7.B 8.C 9.A 10.B 11.C 12.A 13.A 14.B 15.A 16.B 17.B 18.A

二、多选题

1.ACD 2.BC 3.BD 4.CD 5.BCD 6.ABCD 7.BCD 8.BCD 9.ACD 10.ABC 11.ABC 12.AC 13.CD 14.ACD 15.ABCD 16.ABCD 17.ABC

三、判断题
1. × 2. × 3. √ 4. √ 5. × 6. × 7. × 8. × 9. × 10. √

四、业务处理题
1.（1）发生无形资产研究费用最终应该计入管理费用。
（2）发生专设销售部门人员工资应该计入销售费用。
（3）支付的业务招待费应该计入管理费用。
（4）支付的销售产品保险费应该计入销售费用。
（5）本月应交纳的城市维护建设税应该计入税金及附加。
（6）支付本月未计提短期借款利息应该计入财务费用。
企业的期间费用包括销售费用、管理费用和财务费用。
该企业3月份发生的期间费用总额 = 10 + 25 + 15 + 5 + 0.1 = 55.1（万元）

2.（1）20×6年1月应计提的折旧额和摊销额：
①无形资产应该计提的摊销额 = 120/(10×12) = 1（万元）
②设备应该计提的折旧额 = (160 - 10)×5/(15×12) = 4.17（万元）
（2）20×6年1月计提折旧和摊销的会计分录：
①无形资产应该计提的摊销：

借：其他业务成本　　　　　　　　　　　　　　　1
　　贷：累计摊销　　　　　　　　　　　　　　　　　　1

②设备应该计提的折旧：

借：销售费用　　　　　　　　　　　　　　　　4.17
　　贷：累计折旧　　　　　　　　　　　　　　　　　4.17

3.（1）①借：应收账款　　　　　　　　　　　　　4 680 000
　　　　贷：主营业务收入　　　　　　　　　　　　4 000 000
　　　　　　应交税费——应交增值税（销项税额）　　680 000
　　　　借：主营业务成本　　　　　　　　　　　　2 000 000
　　　　　　贷：库存商品　　　　　　　　　　　　2 000 000
②借：预收账款　　　　　　　　　　　　　　　　600 000
　　　银行存款　　　　　　　　　　　　　　　　219 000
　　　　贷：其他业务收入　　　　　　　　　　　　700 000
　　　　　　应交税费——应交增值税（销项税额）　119 000
　　　借：其他业务成本　　　　　　　　　　　　　500 000
　　　　贷：原材料　　　　　　　　　　　　　　　500 000

③借:主营业务收入　　　　　　　　　　　　　　1 600 000
　　应交税费——应交增值税(销项税额)　　　　272 000
　　　贷:银行存款　　　　　　　　　　　　　　1 872 000
　借:库存商品　　　　　　　　　　　　　　　　800 000
　　　贷:主营业务成本　　　　　　　　　　　　800 000
④借:银行存款　　　　　　　　　　　　　　　　300 000
　　　贷:预收账款　　　　　　　　　　　　　　300 000
⑤借:税金及附加　　　　　　　　　　　　　　　52 700
　　　贷:应交税费——应交城市维护建设税　　　36 890
　　　　　　　　——应交教育费附加　　　　　　15 810

(2)20×6年10月甲公司发生的费用=2 000 000+500 000-800 000+52 700=1 752 700(元)

Chapter 14

利 润

一、单选题

1. 下列交易或事项中,不应确认为营业外支出的是( )。
   A. 公益性捐赠支出
   B. 无形资产出售损失
   C. 固定资产盘亏损失
   D. 固定资产减值损失

2. 某企业转让一台旧设备,取得价款56万元,发生清理费用2万元。该设备原值为60万元,已提折旧10万元。假定不考虑其他因素,出售该设备影响当期损益的金额为( )万元。
   A. 4
   B. 6
   C. 54
   D. 56

3. 某企业20×6年2月主营业务收入为100万元,主营业务成本为80万元,管理费用为5万元,资产减值损失为2万元,投资收益为10万元。假定不考虑其他因素,该企业当月的营业利润为( )万元。
   A. 13
   B. 15
   C. 18
   D. 23

4. 根据《企业会计制度》的规定,企业支付的税款滞纳金应当计入( )。
   A. 财务费用
   B. 其他业务成本
   C. 营业外支出
   D. 销售费用

5. 根据《企业所得税法》的规定,企业发生的公益性捐赠支出,在计算企业所得税应纳税所得额时的扣除标准是( )。
   A. 全额扣除
   B. 在年度应纳税所得额12%以内的部分扣除
   C. 在年度利润总额12%以内的部分扣除
   D. 在年度应纳税所得额3%以内的部分扣除

6. 某居民企业 2010 年度发生的亏损,根据《企业所得税法》的规定,该亏损额可以用以后纳税年度的所得逐年弥补,但延续弥补的期限最长不得超过(　　)。

　　A. 2010 年　　　　　　　　　　　　B. 2013 年

　　C. 2014 年　　　　　　　　　　　　D. 2015 年

7. 企业应当自月份或季度终了之日起(　　)日内,向税务机关报送预缴企业所得税申报表,预缴税款。

　　A. 10　　　　　　　　　　　　　　B. 15

　　C. 7　　　　　　　　　　　　　　 D. 5

8. 下列各项中,属于纳税调减项目的是(　　)。

　　A. 超过税法规定标准的工资支出

　　B. 超过税法规定标准的业务招待费支出

　　C. 税收滞纳金

　　D. 前 5 年内的未弥补亏损

9. 下列各项中,不影响利润总额的是(　　)。

　　A. 接受外单位捐赠

　　B. 因发生自然灾害造成存货损失

　　C. 计提坏账准备

　　D. 所得税费用

10. 某企业年初未分配利润贷方余额为 200 万元,本年利润总额为 800 万元,本年所得税费用为 300 万元,不考虑纳税调整事项,按净利润的 10% 提取法定盈余公积,提取任意盈余公积 25 万元,向投资者分配利润 25 万元,该企业年末"利润分配——未分配利润"科目贷方余额为(　　)万元。

　　A. 600　　　　　　　　　　　　　　B. 650

　　C. 625　　　　　　　　　　　　　　D. 570

二、多选题

1. 下列各项中,影响利润表"所得税费用"项目金额的有(　　)。

　　A. 当期应交所得税　　　　　　　　B. 递延所得税收益

　　C. 递延所得税费用　　　　　　　　D. 代扣代交的个人所得税

2. 下列各项中,年度终了需要转入"利润分配——未分配利润"科目的有(　　)。

　　A. 本年利润　　　　　　　　　　　B. 利润分配——应付现金股利

　　C. 利润分配——盈余公积补亏　　　D. 利润分配——提取法定盈余公积

3. 下列各科目,年末应无余额的有(　　)。

　　A. 管理费用　　　　　　　　　　　B. 所得税费用

C. 本年利润 D. 长期待摊费用

4. 下列各项中,影响营业利润的项目有( )。
   A. 主营业务成本   B. 营业税金及附加
   C. 营业外收入   D. 资产减值损失

5. 下列各项中,应计入营业外收入的有( )。
   A. 原材料盘盈   B. 无法查明原因的现金溢余
   C. 转让长期投资取得的净收益   D. 转让无形资产所有权取得的净收益

6. 下列各项中,属于营业外支出的有( )。
   A. 处置固定资产净损失   B. 出售无形资产净损失
   C. 水灾损失   D. 捐赠设备支出

7. 下列各项中,使本期所得税费用增加的有( )。
   A. 本期应交所得税   B. 本期递延所得税资产借方发生额
   C. 本期递延所得税负债借方发生额   D. 本期递延所得税负债贷方发生额

8. 下列各科目的余额,期末应结转到"本年利润"科目的有( )。
   A. 资产减值损失   B. 营业外支出
   C. 公允价值变动损益   D. 以前年度损益调整

9. 下列各项中,影响企业营业利润的有( )。
   A. 销售商品发生的展览费   B. 出售包装物取得的净收入
   C. 出售固定资产的净损失   D. 确认的资产减值损失

10. 下列各项中,影响利润总额的因素有( )。
    A. 资产减值损失   B. 公允价值变动收益
    C. 投资收益   D. 营业外支出

三、判断题

1. 在计算提取法定盈余公积的基数时,应包括企业年初未分配利润。( )
2. 制造费用和管理费用构成本期的生产制造成本,应计入当期损益。( )
3. 企业接受现金捐赠,应计入营业外收入。( )
4. 年度终了,除"利润分配——未分配利润"明细科目外,"利润分配"科目下其他明细科目应当无余额。( )
5. 应纳税所得额就是企业税前会计利润。( )
6. 纳税调增项目主要包括税法规定允许扣除项目中,企业已计入当期费用但超过税法规定扣除标准的金额,以及企业已计入当期损失但税法规定不允许扣除项目的金额(如税收滞纳金、罚款、罚金)等。( )
7. 企业为客户提供的现金折扣应在实际发生时冲减当期收入。( )

8. 股份有限公司发行股票相关的交易费用,应计入当期损益。 ( )

9. 企业年末资产负债表上的未分配利润的金额等于"利润分配"科目的年末余额。
( )

10. 企业对于自然灾害等造成的损失,应全部计入营业外支出。 ( )

四、业务处理题

1. 甲企业 20×6 年度利润总额为 900 万元,应纳税所得额为 1 000 万元。该企业适用的所得税税率为 25%。甲企业递延所得税资产年初数为 200 万元,年末数为 300 万元;递延所得税负债年初数为 100 万元,年末数为 300 万元。

要求:

(1) 计算甲企业 20×6 年度应交所得税额。

(2) 计算甲企业 20×6 年递延所得税。

(3) 计算甲企业 20×6 年度所得税费用。

(4) 编制甲企业 20×6 年所得税的会计分录。

(5) 计算甲企业 20×6 年度实现的净利润。

(6) 编制甲企业年末结平"所得税费用"科目的会计分录。

(答案中的金额单位用万元表示)

2. 某居民企业为增值税一般纳税人,主要生产销售电冰箱,20×6 年度销售电冰箱取得不含税收入 4 300 万元,与电冰箱配比的销售成本 2 830 万元;出租设备取得租金收入 100 万元;实现的会计利润 422.38 万元。与销售有关的费用支出如下:

(1) 销售费用 825 万元,其中广告费 700 万元。

(2) 管理费用 425 万元,其中业务招待费 45 万元。

(3) 财务费用 40 万元,其中含向非金融企业借款 250 万元所支付的年利息 20 万元(当年金融企业贷款的年利率为 5.8%)。

(4) 计入成本、费用中的实发工资 270 万元,发生的工会经费 7.5 万元、职工福利费 41 万元、职工教育经费 9 万元。

(5) 营业外支出 150 万元,其中包括通过公益性社会团体向贫困山区的捐款 75 万元。

计算:该企业 20×6 年度的广告费用、业务招待费、财务费用、职工工会经费、职工福利费、职工教育经费、公益性捐赠等应调增的应纳税所得额。

3. 甲公司是增值税一般纳税人,适用的增值税税率为 17%。销售商品、材料均不含增值税,商品、材料销售成本随销售收入的确认逐笔结转,本年利润采用表结法核算。

资料一:20×6 年 1 月至 11 月资料如下:

20×6年1月至11月资料

万元

科目名称	借方发生额	贷方发生额	科目名称	借方发生额	贷方发生额
主营业务收入		1 500	主营业务成本	1 000	
其他业务收入		500	营业税金及附加	80	
投资收益		30	其他业务成本	400	
公允价值变动损益		100	管理费用	100	
营业外收入		30	财务费用	15	

资料二:20×6年12月份甲公司发生的交易或事项:

(1)12月1日,出售设备一台,共取得价款20万元,支付营业税1万元,该设备原价50万元,采用直线法摊销,无残值,该设备原计划摊销10年,到出售时已经摊销了8年。

(2)12月5日,甲公司委托乙公司代销商品一批,售价100万元,实际成本60万元,月底甲公司收到乙公司交来的代销清单,列明已经出售了商品的80%,甲公司按照代销价款的10%支付了乙公司代销手续费。

(3)12月10日,甲公司将一项无形资产的使用权转让给丙公司,月底取得本月的租金收入2万元。

(4)12月15日,甲公司用银行存款支付产品保险费3万元。

(5)12月20日,甲公司用银行存款支付印花税0.2万元。

(6)12月20日,因债务重组获得收入5万元。

要求:根据上述资料,不考虑其他因素,分析回答下列问题:

(1)甲公司20×6年1~11月份的"营业收入"为(　　)万元。
A.500　　　　　　　　　　　　B.1 500
C.2 000　　　　　　　　　　　　D.0

(2)甲公司20×6年1~11月份的"营业利润"为(　　)万元。
A.535　　　　　　　　　　　　B.565
C.505　　　　　　　　　　　　D.465

(3)根据资料二的事项(2),甲公司应该确认的"主营业务收入"为(　　)万元。
A.0　　　　　　　　　　　　　B.100
C.40　　　　　　　　　　　　　D.80

(4)根据资料二的事项(2),甲公司应该确认的"其他业务收入"为(　　)万元。
A.0　　　　　　　　　　　　　B.2
C.11　　　　　　　　　　　　　D.16

(5)根据资料二,甲公司应该计入销售费用的金额为( )万元。
A. 13.2 B. 11.2
C. 11 D. 3.2

(6)甲公司12月份应该计入营业外收入的金额为( )万元。
A. 9 B. 14
C. 11 D. 16

(7)因债务重组获得收入,应该计入( )。
A. 营业外收入 B. 其他业务收入
C. 主营业务收入 D. 投资收益

(8)设备出售损益,账务处理为计入( )。
A. 借记"固定资产清理"90 000 B. 贷记"营业外收入"90 000
C. 贷记"固定资产清理"90 000 D. 借记"营业外支出"90 000

(9)根据资料一和资料二,甲公司20×6年的营业利润为( )万元。
A. 535 B. 606
C. 557.8 D. 605.8

(10)根据资料一和资料二,甲公司20×6年的利润总额为( )万元。
A. 535 B. 565
C. 596.8 D. 601.8

参考答案

一、单选题
1. C 2. A 3. D 4. C 5. C 6. D 7. B 8. D 9. D 10. A

二、多选题
1. ABC 2. ABCD 3. ABC 4. ABD 5. BD 6. ABCD 7. AD 8. ABC 9. ABD 10. ABCD

三、判断题
1. √ 2. × 3. √ 4. √ 5. × 6. √ 7. √ 8. × 9. √ 10. ×

四、业务处理题
1.(1)甲企业20×6年度应交所得税额 = 1 000 × 25% = 250(万元)
(2)甲企业20×6年递延所得税 = (300 − 100) − (300 − 200) = 100(万元)
(3)甲企业20×6年度所得税费用 = 250 + 100 = 350(万元)
(4)借:所得税费用   350
       递延所得税资产   100
    贷:应交税费——应交所得税   250
       递延所得税负债   200

(5)甲企业 20×6 年度实现的净利润 =900-350=550(万元)

(6)借:本年利润　　　　　　　　　　　　350

　　贷:所得税费用　　　　　　　　　　　　　350

2. (1)广告费用:限额 =(4 300+100)×15% =660(万元)

应调增的应纳税所得额 =700-660=40(万元)

(2)业务招待费:45×60% =27(万元) >(4 300+100)×5‰ =22(万元)

应调增的应纳税所得额 =45-22=23(万元)

(3)财务费用:应调增的应纳税所得额 =20-250×5.8% =5.5(万元)

(4)工会经费限额 =270×2% =5.4(万元),应调增的应纳税所得额 =7.5-5.4=2.1(万元)

职工福利费限额 =270×14% =37.8(万元),应调增的应纳税所得额 =41-37.8=3.2(万元),职工教育经费限额 =270×2.5% =6.75(万元),应调增的应纳税所得额 =9-6.75=2.25(万元)

(5)公益性捐赠应调增的应纳税所得额 =75-422.38×12% =75-50.685 6=24.314 4(万元)

3. (1)C　(2)A　(3)D　(4)B　(5)C　(6)B　(7)A　(8)AB　(9)C　(10)D

第十五章
Chapter 15

财务报告

一、单选题

1. 某企业20×6年发生的营业收入为1 000万元,营业成本为600万元,销售费用为20万元,管理费用为50万元,财务费用为10万元,投资收益为40万元,资产减值损失为70万元(损失),公允价值变动损益为80万元(收益),营业外收入为25万元,营业外支出为15万元。该企业20×6年的利润总额为(   )。

A. 380万元　　　　　　　　　　　B. 330万元
C. 320万元　　　　　　　　　　　D. 390万元

2. 资产负债表中的"未分配利润"项目填列的依据是(   )。

A."利润分配"科目余额
B."本年利润"科目余额
C."本年利润"和"利润分配"科目余额
D."盈余公积"科目余额

3."预付账款"科目明细账中若有贷方余额,应将其计入资产负债表的(   )项目。

A."应收账款"　　　　　　　　　　B."预收款项"
C."应付账款"　　　　　　　　　　D."其他应付款"

4. 甲股份有限公司从20×6年1月1日起对期末存货采用成本与可变现净值孰低法计价,成本与可变现净值的比较采用单项比较法。该公司20×6年6月30日A、B、C三种存货的成本分别为30万元、21万元、36万元;A、B、C三种存货的可变现净值分别为28万元、25万元、36万元。该公司当年6月30日资产负债表中反映的存货净额为(   )。

A. 85万元　　　　　　　　　　　B. 87万元
C. 88万元　　　　　　　　　　　D. 91万元

5. 下列各项中,不影响营业利润的项目是(   )。

A. 财务费用　　　　　　　　　　B. 投资收益

C. 资产减值损失　　　　　　　　　D. 营业外支出

6. 甲公司为增值税一般纳税企业。20×6 年度,甲公司主营业务收入为 1 000 万元,增值税销项税额为 170 万元;应收账款期初余额为 100 万元,期末余额为 150 万元;预收账款期初余额为 50 万元,期末余额为 10 万元。假定不考虑其他因素,甲公司 20×6 年度现金流量表中"销售商品、提供劳务收到的现金"项目的金额为(　　)。

　　A. 1 080 万元　　　　　　　　　B. 1 160 万元
　　C. 1 180 万元　　　　　　　　　D. 1 260 万元

7. 下列经济业务所产生的现金流量中,属于"投资活动产生的现金流量"的是(　　)。
　　A. 收到的现金股利　　　　　　　B. 支付的各种税费
　　C. 吸收投资收到的现金　　　　　D. 支付货款

8. 下列各项中,不属于筹资活动产生的现金流量的是(　　)。
　　A. 吸收权益性投资收到的现金
　　B. 收回债券投资收到的现金
　　C. 分配现金股利
　　D. 借入资金收到的现金

9. 下列经济业务所产生的现金流量中,属于"经营活动产生的现金流量"的是(　　)。
　　A. 变卖固定资产所产生的现金流量
　　B. 取得债券利息收入所产生的现金流量
　　C. 支付经营租赁费用所产生的现金流量
　　D. 支付融资租赁费用所产生的现金流量

10. 在资产负债表的项目中,只需要根据一个总分类账户直接填列的项目是(　　)。
　　A. "货币资金"　　　　　　　　　B. "短期借款"
　　C. "预付款项"　　　　　　　　　D. "预收款项"

二、多选题

1. 下列项目应在现金流量表中的"支付的各项税费"项目中反映的有(　　)。
　　A. 增值税　　　　　　　　　　　B. 城市维护建设税
　　C. 所得税　　　　　　　　　　　D. 契税

2. 下列各项中,属于财务报表构成项目的有(　　)。
　　A. 资产负债表　　　　　　　　　B. 利润表
　　C. 现金流量表　　　　　　　　　D. 所有者权益(或股东权益)变动表

3. 按财务报表编报期间不同,可以分为(　　)。
　　A. 中期财务报表　　　　　　　　B. 年度财务报表
　　C. 个别财务报表　　　　　　　　D. 合并财务报表

4. 资产负债表中的"应付账款"项目应根据( )填列。

A. 应付账款所属明细账贷方余额合计

B. 预付账款所属明细账贷方余额合计

C. 应付账款总账余额

D. 应付账款所属明细账借方余额合计

5. 下列资产中,属于"流动资产"项目的有( )。

A. 一年内到期的非流动资产　　　　B. 交易性金融资产

C. 货币资金　　　　　　　　　　　D. 开发支出

6. 在资产负债表的项目中,根据总账科目余额直接填列的有( )。

A. "短期借款"科目　　　　　　　　B. "实收资本"科目

C. "应付账款"科目　　　　　　　　D. "应收账款"科目

7. 下列各项中,影响利润表中营业利润的有( )。

A. 营业外收入　　　　　　　　　　B. 财务费用

C. 投资收益　　　　　　　　　　　D. 公允价值变动损益

8. 下列各项中,影响筹资活动现金流量的项目有( )。

A. 支付费用化借款利息　　　　　　B. 发行债券收到现金

C. 支付发行债券印刷费　　　　　　D. 支付资本化的借款利息

9. 将净利润调节为经营活动产生的现金流量时,下列各调整项目中,属于调减项目的有( )。

A. 投资收益

B. 递延所得税负债增加额

C. 长期待摊费用的增加额

D. 公允价值变动收益

10. 利润表中的"营业收入"项目应包含的账户及金额有( )。

A. 营业外收入　　　　　　　　　　B. 投资收益

C. 主营业务收入　　　　　　　　　D. 其他业务收入

三、判断题

1. 附注与资产负债表、利润表、现金流量表、所有者权益变动表等报表具有同等的重要性。(　　)

2. 财务报告是指企业对外提供的反映企业某一会计期间的财务状况、经营成果和现金流量等会计信息的文件。(　　)

3. 利润表中各项目主要根据各损益类科目的发生额分析填列。(　　)

4. 现金流量是指现金和现金等价物的流入,可以分为3类,即经营活动产生的现金流量、

投资活动产生的现金流量和筹资活动产生的现金流量。   （   ）

5. 投资活动包括取得和收回投资、构建和处置固定资产、购买和处置无形资产等。
                                                （   ）

6. 所有者权益变动表中直接计入所有者权益的利得和损失,以及与所有者(或股东)的资本交易导致的所有者权益的变动,应当分别列示。   （   ）

7. 利润总额减去所得税费用,即为净利润。   （   ）

8. 在我国,企业利润表采用的基本上是单步式结构。   （   ）

9. 营业收入减去营业成本、营业税金及附加即为营业利润。   （   ）

10. "应付账款"项目,应当根据"应付账款""预收账款"等科目所属明细科目期末贷方余额合计填列。   （   ）

四、业务处理题

1. 某公司为增值税一般纳税企业,增值税税率为17%,20×6年与销售现金流量有关的业务如下:

(1)销售产品一批,增值税专用发票上注明的售价为450 000元(不含增值税),货款未收到。

(2)销售产品一批,售价为700 000元,增值税税额为119 000元,款项已通过银行收妥。

(3)公司将到期的一张面值为210 000元的无息银行承兑汇票(不含增值税),连同解讫通知和进账单交银行办理转账。款项已收妥。

(4)收到应收账款55 000元。

(5)公司采用商业承兑汇票结算方式销售产品一批,价款140 000元,增值税税额为23 800元,收到163 800元的商业承兑汇票一张,公司已将上述承兑汇票到银行办理贴现,贴现息为12 000元。

要求:计算"销售商品、提供劳务收到的现金"项目的金额。

2. 某企业20×6年发生的营业收入为850万元,营业成本为490万元,销售费用为20万元,管理费用为35万元,财务费用为9万元,投资收益为50万元,资产减值损失为60万元(损失),公允价值变动损益为70万元(损失),营业外收入为25万元,营业外支出为15万元。

要求:计算该企业20×6年度的营业利润。

五、案例分析题

【案例1】 晟悦公司20×6年12月31日的有关资料如下:
(1)科目余额见下表。

科目余额表

元

科目名称	借方余额	贷方余额
库存现金	10 000	
银行存款	57 000	
应收票据	60 000	
应收账款	80 000	
预付账款		30 000
还账准备		5 000
原材料	70 000	
低值易耗品	10 000	
发出商品	90 000	
材料成本差异		55 000
库存商品	100 000	
固定资产	800 000	
累计折旧		300 000
在建工程	40 000	
无形资产	150 000	
短期借款		8 000
应付账款		70 000
预收账款		10 000
应付职工薪酬	4 000	
应交税费		13 000
长期借款		80 000
实收资本		500 000
盈余公积		200 000
未分配利润		200 000

（2）债权、债务明细科目余额。

应收账款明细资料如下：

应收账款——A公司借方余额100 000元。

应收账款——B公司贷方余额20 000元。

预付账款明细资料如下：
预付账款——C公司借方余额20 000元
预付账款——D公司贷方余额50 000元
应付账款明细资料如下：
应付账款——E公司贷方余额100 000元
应付账款——F公司借方余额30 000元
预收账款明细资料如下：
预收账款——G公司贷方余额40 000元
预收账款——H公司借方余额30 000元

(3) 长期借款共两笔，均为到期一次性还本付息。金额及期限如下：
从工商银行借入30 000元（本利和），期限从20×5年6月1日至20×7年6月1日。
从建设银行借入50 000元（本利和），期限从20×6年8月1日至20×8年8月1日。
要求：编制晟悦公司20×6年12月31日的资产负债表（简表）。

资产负债表

编制单位：晟悦公司　　　　　20×6年12月31日　　　　　　　　　　　元

资产	期末余额	年初余额	负债和所有者权益	期末余额	年初余额
流动资产：			流动负债：		
货币资金			短期借款		
应收票据			应付账款		
应收账款			预收账款		
预付款项			应付职工薪酬		
存货			应交税费		
流动资产合计			一年内到期的非流动负债		
非流动资产：			流动负债合计		
固定资产			非流动负债：		
在建工程			长期借款		
无形资产			非流动负债合计		
非流动资产合计			负债合计		
			所有者权益（或股东权益）		
			实收资本（或股本）		
			盈余公积		

续表

资产	期末余额	年初余额	负债和所有者权益	期末余额	年初余额
			未分配利润		
			所有者权益(或股东权益)合计		
资产总计			负债和所有者权益(或股东权益)合计		

参考答案

一、单选题

1. A 2. C 3. C 4. A 5. D 6. A 7. A 8. B 9. C 10. B

二、多选题

1. ABC 2. ABCD 3. AB 4. AB 5. ABC 6. AB 7. BCD 8. ABCD 9. ACD 10. CD

三、判断题

1. √ 2. × 3. √ 4. × 5. √ 6. √ 7. √ 8. × 9. × 10. ×

四、业务处理题

1. 销售商品、提供劳务收到的现金 = 819 000 + 55 000 + 210 000 + 151 800 = 1 235 800（元）

2. 营业利润 = 850 − 490 − 20 − 35 − 9 + 50 − 60 − 70 = 216（万元）

五、案例分析题

资产负债表

编制单位：晟悦公司　　　　20×6 年 12 月 31 日　　　　　　　　　　　　元

资产	期末余额	年初余额	负债和所有者权益	期末余额	年初余额
流动资产：			流动负债：		
货币资金	67 000		短期借款	8 000	
应收票据	60 000		应付账款	150 000	
应收账款	125 000		预收账款	60 000	
预付款项	50 000		应付职工薪酬	−4 000	
存货	215 000		应交税费	13 000	
流动资产合计	517 000		一年内到期的非流动负债	30 000	
非流动资产：			流动负债合计	257 000	

续表

资产	期末余额	年初余额	负债和所有者权益	期末余额	年初余额
固定资产	500 000		非流动负债：		
在建工程	40 000		长期借款	50 000	
无形资产	150 000		非流动负债合计	50 000	
非流动资产合计	690 000		负债合计	307 000	
			所有者权益(或股东权益)		
			实收资本(或股本)	500 000	
			盈余公积	200 000	
			未分配利润	200 000	
			所有者权益(或股东权益)合计	900 000	
资产总计	1 207 000		负债和所有者权益(或股东权益)总计	1 207 000	

第十六章
Chapter 16

会计调整

一、单选题

1.下列关于会计政策变更的表述中,不正确的是(　　)。

A.会计政策变更,是指企业对相同的交易或者事项由原来采用的会计政策改用另一会计政策的行为

B.企业采用的会计政策,在每一会计期间和前后各期应当保持一致,不得随意变更

C.会计政策变更表明以前的会计期间采用的会计政策存在错误

D.变更会计政策应能够更好地反映企业的财务状况和经营成果

2.下列各项中,属于会计政策变更的是(　　)。

A.固定资产折旧方法由年数总和法改为年限平均法

B.固定资产改造完成后将其使用年限由6年延长至9年

C.投资性房地产的后续计量从成本模式转换为公允价值模式

D.租入的设备因生产经营需要由经营租赁改为融资租赁而改变会计政策

3.20×6年年末,甲上市公司发现其所持有的采用成本模式计量的投资性房地产存在活跃市场,公允价值能够合理确定,决定从下年起对该投资性房地产采用公允价值模式计量,该经济事项属于(　　)。

A.会计政策变更　　　　　　　　B.会计差错

C.会计估计变更　　　　　　　　D.资产负债表日后事项

4.甲公司在20×5年1月变更会计政策,采用追溯调整法进行调整,调整列报前期最早期初财务报表相关项目及其金额,下列属于列报前期的是(　　)。

A.20×5年　　　　　　　　　　B.20×4年

C.20×3年　　　　　　　　　　D.20×2年

5.下列各项中,不属于会计估计变更的是(　　)。

A.因技术发展,无形资产的摊销期限由10年缩短为6年

B. 坏账准备由余额百分比法计提变更为账龄分析法计提

C. 发出存货的计价方法由先进先出法变更为加权平均法

D. 对固定资产计提折旧的方法由年数总和法变更为年限平均法

6. 下列各项中,属于会计估计变更的是( )。

A. 无形资产摊销方法由直线法改为产量法

B. 商品流通企业采购费用由计入销售费用改为计入取得存货的成本

C. 将内部研发项目开发阶段的支出由计入当期损益改为符合规定条件的确认为无形资产

D. 分期付款取得的固定资产由购买价款改为购买价款现值计价

7. 下列关于会计估计及其变更的表述中,正确的是( )。

A. 会计估计应以最近可利用的信息或资料为基础

B. 对结果不确定的交易或事项进行会计估计会削弱会计信息的可靠性

C. 会计估计变更应根据不同情况采用追溯重述或追溯调整法进行处理

D. 某项变更难以区分为会计政策变更和会计估计变更的,应作为会计政策变更处理

8. 在20×6年1月1日起,企业对其确认为无形资产的某项非专利技术按照5年的期限进行摊销,由于替代技术研发进程的加快,20×7年1月,企业将该无形资产的剩余摊销年限缩短为2年,这一变更属于( )。

A. 会计政策变更 B. 会计估计变更

C. 前期差错更正 D. 本期差错更正

9. 下列各项中,应采用未来适用法进行会计处理的是( )。

A. 会计估计变更

B. 滥用会计政策变更

C. 本期发现的以前年度重大会计差错

D. 可以合理确定累积影响数的会计政策变更

10. 会计估计变更时,应遵循的原则是( )。

A. 必须采用未来适用法

B. 在追溯调整法和未来适用法中任选其一

C. 必须采用追溯调整法

D. 会计估计变更累积影响数可以合理确定时应采用追溯调整法,不能合理确定时采用未来适用法

11. 下列关于资产负债表日后事项的表述中,正确的是( )。

A. 资产负债表日是指每年12月31日

B. 财务报告批准报出日是指董事会或类似机构批准财务报告报出的日期

C. 资产负债表日后期间指的是资产负债表日次日起至财务报表实际报出日之间的期间

D. 资产负债表日后事项,是指资产负债表日至财务报告批准报出日之间发生的不利事项

12. 某上市公司20×6年度财务报告于20×7年2月10日编制完成,注册会计师完成审计并签署审计报告日期为20×7年4月10日,经董事会批准报表于4月20日对外公布,股东大会召开日为4月25日。按照准则规定,该公司20×6年度资产负债表日后事项的涵盖期间为( )。

A. 20×7年1月1日至20×7年4月20日

B. 20×7年2月10日至20×7年4月10日

C. 20×7年1月1日至20×7年2月10日

D. 20×7年2月10日至20×7年4月25日

13. 下列关于资产负债表日后重要的非调整事项的处理,正确的是( )。

A. 应调整报告年度的报表

B. 应在报告年度的报表附注中披露

C. 应调整报告年度的报表,同时在报表附注中披露

D. 不需要调整报告年度的报表,也不需要在报表附注中披露

14. 甲公司20×6年度财务报告于20×7年3月5日对外报出,20×7年2月1日,甲公司收到乙公司因产品质量原因退回的商品,该商品系20×6年12月5日销售;20×7年2月5日,甲公司按照20×6年12月份申请通过的方案成功发行公司债券;20×7年1月25日,甲公司发现20×6年11月20日入账的固定资产未计提折旧;20×7年1月5日,甲公司得知丙公司20×6年12月30日发生重大火灾,无法偿还所欠甲公司20×6年货款。下列事项中,属于甲公司20×6年度资产负债表日后非调整事项的是( )。

A. 乙公司退货
B. 甲公司发行公司债券
C. 固定资产未计提折旧
D. 应收丙公司货款无法收回

15. 20×6年12月31日,甲公司对一起未决诉讼确认的预计负债为800万元。20×7年3月6日,法院对该起诉讼判决,甲公司应赔偿乙公司600万元;甲公司和乙公司均不再上诉。甲公司的所得税税率为25%,按净利润的10%提取法定盈余公积,20×6年度财务报告批准报出日为20×7年3月31日,预计未来期间能够取得足够的应纳税所得额用以抵扣可抵扣暂时性差异。不考虑其他因素,该事项导致甲公司20×6年12月31日资产负债表"未分配利润"项目中的"期末余额"调整增加的金额为( )万元。

A. 135 B. 150
C. 180 D. 200

16. 企业对该资产负债表日后调整事项进行会计处理时,下列报告年度财务报表项目中,不应调整的是( )。

A. 损益类项目
B. 应收账款项目
C. 货币资金项目
D. 所有者权益类项目

二、多选题

1. 下列关于会计政策及其变更的表述中,正确的有(　　)。
   A. 会计政策涉及会计原则、会计基础和具体会计处理方法
   B. 变更会计政策表明以前会计期间采用的会计政策存在错误
   C. 变更会计政策应能够更好地反映企业的财务状况和经营成果
   D. 本期发生的交易或事项与前期相比具有本质差别而采用新的会计政策,不属于会计政策变更

2. 下列各项中,不属于会计政策变更的情形有(　　)。
   A. 本期发生的交易或事项与以前相比具有本质差别而采用新的会计政策
   B. 第一次签订建造合同,采用完工百分比法确认收入
   C. 存货发出的核算由先进先出法变更为移动加权平均法
   D. 投资性房地产的后续计量由成本模式变更为公允价值模式

3. 下列各项中,属于会计政策变更的有(　　)。
   A. 固定资产的折旧方法由年限平均法变更为年数总和法
   B. 无形资产摊销方法由直线法改为产量法
   C. 分期付款取得的固定资产由购买价款改为购买价款现值计价
   D. 商品流通企业采购费用由计入销售费用改为计入取得存货的成本

4. 下列关于会计政策变更的会计处理方法的选择,说法正确的有(　　)。
   A. 国家有规定的,按国家有关规定执行
   B. 能追溯调整的,采用追溯调整法处理(追溯到可追溯的最早期)
   C. 不能追溯调整的,采用未来适用法处理
   D. 不能追溯调整的,采用追溯重述法处理(追溯到可追溯的最早期)

5. 下列各项中,属于会计政策变更的是(　　)。
   A. 无形资产摊销方法由生产总量法改为年限平均法
   B. 因执行新会计准则将建造合同收入确认方法由完成合同法改为完工百分比法
   C. 投资性房地产的后续计量由成本模式改为公允价值模式
   D. 因执行新会计准则对子公司的长期股权投资由权益法改为成本法核算

6. 下列属于会计估计的有(　　)。
   A. 预计负债初始计量的最佳估计数的确定
   B. 建造合同完工进度的确定
   C. 固定资产预计净残值的确定
   D. 存货可变现净值的确定

7. 下列会计事项中,属于会计估计变更的有(　　)。

A. 无形资产摊销方法由直线法改为产量法
B. 因持股比例下降长期股权投资的核算由成本法改为权益法
C. 坏账准备的计提方法由应收款项余额百分比法改为账龄分析法
D. 发出存货的计价方法由先进先出法改为移动加权平均法

8. 下列各项中,属于会计估计变更的有( )。
A. 固定资产的净残值率由8%改为5%
B. 固定资产折旧方法由年限平均法改为双倍余额递减法
C. 投资性房地产的后续计量由成本模式转为公允价值模式
D. 使用寿命确定的无形资产的摊销年限由10年变更为7年

9. 下列用以更正能够确定累积影响数的重要前期差错的方法中,不正确的有( )。
A. 追溯重述法　　　　　　　　B. 追溯调整法
C. 红字更正法　　　　　　　　D. 未来适用法

10. 下列各项中,属于前期差错的有( )。
A. 前期舞弊产生的影响
B. 前期应用会计政策错误
C. 前期疏忽或曲解事实
D. 因本期利润较低,将计提的固定资产减值准备进行转回

11. 下列各项中,需要在附注中披露的有( )。
A. 资产负债表日后发生的重大诉讼、仲裁
B. 资产负债表日后发生自然灾害导致资产发生重大损失
C. 资产负债表日后发生企业合并或处置子公司
D. 资产负债表日后发生巨额亏损

12. 下列关于资产负债表日后事项的表述中,正确的有( )。
A. 如果资产负债表日及所属会计期间已经存在某种情况,但当时并不知道其存在或者不能知道确切结果,资产负债表日后发生的事项能够证实该情况的存在或者确切结果,则该事项属于资产负债表日后事项中的调整事项
B. 非调整事项是指表明资产负债表日后发生的情况的事项
C. 重要的非调整事项虽然不影响资产负债表日的财务报表数字,但可能影响财务报表使用者做出正确的决策和估计,需要适当披露
D. 如果资产负债表日后事项对资产负债表日的情况提供了进一步的证据,证据表明的情况与原来的估计和判断不完全一致,则需要对原来的会计处理进行调整

13. 某上市公司20×4年度的财务报告批准报出日为20×5年3月31日,下列各项中应作为资产负债表日后调整事项处理的有( )。
A. 20×5年1月销售的商品,在20×5年3月份被退回

B. 20×5年2月发现20×4年无形资产少提摊销
C. 20×5年3月发现20×4年固定资产少提折旧
D. 20×5年4月发现20×4年固定资产少提折旧,未达到重要性要求

14. 下列关于资产负债表日后非调整事项的处理,不正确的有(　　)。
A. 应当在附注中披露相关事项的性质、内容及其对财务状况和经营成果的影响
B. 应调整报告年度的报表,同时在报表附注中披露
C. 非调整事项对财务报告使用者具有重大影响的,不应在附注中进行披露
D. 不需要调整报告年度的报表,但重要的需要在报表附注中披露

15. 下列关于资产负债表日后事项的表述中,正确的有(　　)。
A. 影响重大的资产负债表日后非调整事项应在附注中披露
B. 对资产负债表日后调整事项应当调整资产负债表日财务报表有关项目
C. 资产负债表日后事项包括资产负债表日至财务报告批准报出日之间发生的全部事项
D. 判断资产负债表日后调整事项的标准在于该事项对资产负债表日存在的情况提供了新的或进一步的证据

三、判断题

1. 会计政策,是指企业在会计确认、计量、记录和报告中所采用的原则、基础和会计处理方法。(　　)
2. 企业可以根据实际情况随意变更适用的会计政策。(　　)
3. 存货跌价准备由按单项存货计提变更为按存货类别计提,属于会计估计变更。(　　)
4. 未来适用法只影响变更当期及以后,而不影响当期期初留存收益。(　　)
5. 投资性房地产由公允价值模式变更为成本模式,属于会计政策变更。(　　)
6. 初次发生的交易或事项采用新的会计政策属于会计政策变更,应采用追溯调整法进行处理。(　　)
7. 企业难以将某项变更区分为会计政策变更还是会计估计变更的,应将其作为会计政策变更处理。(　　)
8. 发现以前会计期间的会计估计存在错误的,应按前期差错更正的规定进行会计处理。(　　)
9. 企业应该对前期差错更正采用追溯重述法处理。(　　)
10. 固定资产折旧方法的改变属于会计政策变更。(　　)
11. 资产负债表日后发生的全部事项都属于资产负债表日后事项。(　　)
12. 对于管理层修改财务报告,需要注册会计师重新出具审计报告的,新的审计报告日不应早于董事会或类似机构批准修改后的财务报告对外公布的日期。(　　)
13. 企业在报告年度资产负债表日后至财务报告批准报出日之间取得确凿证据,表明某项

资产在资产负债表日已发生减值的,应作为调整事项进行处理。 (　　)

14. 资产负债表日后期间发现以前期间的会计差错,但是金额很小,应将其作为非调整事项处理。 (　　)

15. 某企业 20×6 年度资产负债表尚未对外报出,20×7 年 2 月发生地震,致使 20×6 年购入的存货发生毁损 300 万元,注册会计师要求作为资产负债表日后非调整事项处理。 (　　)

四、业务处理题

1. 晟悦公司 20×5 年发生如下会计估计变更事项:

(1)晟悦公司 20×3 年 1 月 1 日取得的一项无形资产,其原价为 600 万元,因取得时使用寿命不确定,晟悦公司将其作为使用寿命不确定的无形资产。至 20×4 年 12 月 31 日,该无形资产已计提减值准备 100 万元。20×5 年 1 月 1 日,因该无形资产的使用寿命可以确定,晟悦公司将其作为使用寿命有限的无形资产,预计尚可使用年限为 5 年,无残值,采用直线法摊销。

(2)20×5 年以前晟悦公司根据当时能够得到的信息,对应收账款每年按其余额的 5% 计提坏账准备。20×5 年 1 月 1 日,由于掌握了新的信息,将应收账款的计提比例改为余额的 15%。假定 20×4 年 12 月 31 日晟悦公司坏账准备余额为 150 万元,20×5 年 12 月 31 日,晟悦公司应收账款余额为 5 000 万元。

(3)20×5 年 7 月 1 日,鉴于更为先进的技术被采用,经董事会决议批准,决定将 A 生产线的使用年限由 10 年缩短至 6 年,预计净残值为零,仍采用年限平均法计提折旧。A 生产线系 20×3 年 12 月购入,并于当月投入公司车间部门用于生产产品,入账价值为 10 500 万元;购入当时预计使用年限为 10 年,预计净残值为 500 万元。A 生产线一直没有计提减值准备。

要求:

(1)根据资料(1),计算 20×5 年无形资产的摊销额,并编制相关会计分录。

(2)根据资料(2),计算 20×5 年应计提坏账准备的金额,并编制相关会计分录。

(3)根据资料(3),计算 A 生产线 20×5 年应计提的折旧额,并编制相关会计分录。

(答案中的金额单位用万元表示)

2. 晟悦公司经董事会和股东大会批准,于 20×5 年 1 月 1 日开始对某栋经营租赁方式租出的办公楼的后续计量由成本模式变更为公允价值模式,当日该办公楼的公允价值为 1 100 万元。该办公楼系晟悦公司 20×2 年 12 月 31 日购入,购入当日的公允价值为 1 000 万元,晟悦公司采用年限平均法对该办公楼计提折旧,预计使用年限为 20 年,预计净残值为 0 元(与税法规定相同)。晟悦公司对所得税采用资产负债表债务法核算,适用的所得税税率为 25%,按照净利润的 10% 提取法定盈余公积。

要求:做出变更日与晟悦公司有关的会计分录。

五、案例分析题

A 公司为股份有限公司,适用的增值税税率为 17%,销售价格中均不含增值税税额;适用的所得税税率为 25%(不考虑其他税费,并假设除下列各项外,无其他纳税调整事项),所得税采用资产负债表债务法核算。20×5 年度的财务报告于 20×6 年 4 月 20 日批准报出。该公司 20×6 年度发生的一些交易和事项及其会计处理如下:

(1)在 20×5 年度的财务报告批准报出后,A 公司发现 20×4 年度购入的一项专利权尚未入账,其累积影响利润数为 2 万元,该公司将该项累积影响数计入了 20×6 年度利润表的管理费用项目。

(2)A 公司从 20×6 年 1 月 1 日起将发出存货的计价由先进先出法改为加权平均法(符合会计政策变更条件),因该项变更的累积影响数难以确定,A 公司对此项变更采用未来适用法,未采用追溯调整法。

(3)A 公司从 20×6 年 6 月 30 日分派 2015 年度的股票股利 1 000 万股,该公司每股 1 元的价格调低了 20×6 年年初未分配利润,并调增了 20×6 年年初的股本金额。

(4)A 公司与 B 公司在 20×5 年 11 月 1 日签订了一项供销合同,合同中订明 A 公司在 20×5 年 11 月供应一批物资给 B 公司。由于 A 公司未能按照合同发货,致使 B 公司发生重大经济损失。B 公司通过法律形式要求 A 公司赔偿经济损失 500 万元。该诉讼案件在 20×5 年 12 月 31 日尚未判决,A 公司根据律师的意见,认为很可能赔偿 B 公司 300 万元。因此,A 公司记录了 300 万元的其他应付款,并反映在 20×5 年 12 月 31 日的财务报表上。

(5)20×6 年 3 月 20 日,A 公司发现 20×5 年行政管理部门使用的固定资产少计提折旧 20 万元(金额较大)。该公司对此项差错调整了 20×6 年度财务报表相关项目的数字。

要求:

(1)根据会计准则规定,说明 A 公司上述交易和事项会计处理哪些是正确的,哪些是不正确的(只需注明上述资料的序号即可,如事项(1)处理正确,或事项(1)处理不正确)。

(2)对上述交易和事项不正确的会计处理,简要说明不正确的理由并简述正确的会计处理。

参考答案

一、单选题

1. C 2. C 3. A 4. B 5. C 6. A 7. A 8. B 9. A 10. A 11. B 12. A 13. B 14. B 15. A 16. C

二、多选题

1. ACD 2. AB 3. CD 4. ABC 5. BCD 6. ABCD 7. AC 8. ABD 9. BCD 10. ABC 11. ABCD 12. ABCD 13. BC 14. BC 15. ABD

三、判断题

1. × 2. × 3. √ 4. √ 5. × 6. × 7. × 8. √ 9. × 10. × 11. × 12. √
13. √ 14. × 15. √

四、业务处理题

1. (1) 20×5 年无形资产摊销额 = (600 - 100) ÷ 5 = 100(万元)

借:管理费用　　　　　　　　　　　100
　　贷:累计摊销　　　　　　　　　　100

(2) 20×4 年 12 月 31 日,晟悦公司应收账款的坏账准备余额 150 万元。

20×5 年 12 月 31 日,晟悦公司应收账款的坏账准备余额 = 5 000 × 15% = 750(万元);应计提的坏账准备金额 = 750 - 150 = 600(万元)

借:资产减值损失　　　　　　　　　600
　　贷:坏账准备　　　　　　　　　　600

(3) 至 20×5 年 6 月 30 日 A 生产线已累计计提折旧额 = (10 500 - 500) ÷ 10 × 1.5 = 1 500(万元)

20×5 年变更后的计提折旧额 = (10 500 - 1 500)/(6 - 1.5) × 6/12 = 1 000(万元)

20×5 年应计提折旧额 = (10 500 - 500)/10 × 6/12 + 1 000 = 1 500(万元)

借:生产成本　　　　　　　　　　　1 500
　　贷:累计折旧　　　　　　　　　　1 500

2. 借:投资性房地产——成本　　　　　1 100
　　　投资性房地产累计折旧　　　　　100(1 000/20 × 2)
　　贷:投资性房地产　　　　　　　　1 000
　　　　递延所得税负债　　　　　　　50[(1 100 - 900) × 25%]
　　　　盈余公积　　　　　　　　　　15
　　　　利润分配——未分配利润　　　135

五、案例分析题

事项(1)(2)会计处理正确。事项(3)(4)和(5)会计处理不正确。

事项(3)不属于资产负债表日后事项,公司应于实际发放股票股利时作为发放股票股利当年的事项进行处理。

事项(4)300 万元赔偿款应在"预计负债"科目中反映,而不应再"其他应付款"科目中反映。

事项(5)属于日后期间发现报告年度的会计差错(金额较大),应按资产负债表日后调整事项处理,即调整报告年度财务报表相关项目的数字。

参考文献

[1] 李正华,沈香亚.财务会计习题与解答[M].上海:立信会计出版社.
[2] 陈立军,崔凤鸣.中级财务会计习题与案例[M].大连:东北财经大学出版社.
[3] 鲁亮升.财务会计习题与解答[M].北京:清华大学出版社.
[4] 张志凤,黄洁洵.初级会计实务[M].北京:北京大学出版社.